PONS

Bildwörterbuch

SPANISCH
DEUTSCH
ESPAÑOL
ALEMÁN

PONS GmbH
Stuttgart

INHALT
ÍNDICE

HINWEISE ZUR BENUTZUNG DES WÖRTERBUCHS

Mit den 1.500 nützlichsten Wörtern ist dieses Wörterbuch im täglichen Leben Ihr idealer Begleiter. Hier die wichtigsten Tipps, wie Sie den größten Nutzen aus dem Buch ziehen:

1. Schnell übersetzen

Dieses Wörterbuch ist nach den neun wichtigsten Themenfeldern aus dem Alltagsleben gegliedert. Ob im Haushalt, unterwegs oder im Beruf: Blättern Sie zum relevanten Kapitel und schon haben Sie die Wörter, die Sie brauchen, auf einen Blick. Sie suchen ein ganz bestimmtes Wort? Schlagen Sie einfach hinten im alphabetischen Index nach.

2. Die wichtigsten Sätze

In den neun Kapiteln finden Sie neben der reinen Wort-Bild-Zuordnung auch Sätze für die häufigsten Situationen.

3. Richtig aussprechen

Damit Sie jedes Wort richtig aussprechen, haben wir allen Wörtern und Sätzen eine Lautschrift beigefügt. Die spanische Lautschrift steht im Wörterbuchteil unmittelbar neben dem Wort. Die deutsche Lautschrift finden Sie im alphabetischen Index. Eine Übersicht über die spanischen und deutschen Phonetikzeichen finden Sie jeweils auf der ersten und der letzten Seite des Buches.

4. Ganz ohne Worte

Sollten Ihnen doch mal die Worte fehlen, zeigen Sie einfach auf das entsprechende Bild. So können Sie sich überall auf der Welt ganz ohne Sprache verständigen.

Das sollten Sie noch wissen

Die Wörter in diesem Wörterbuch stehen immer in der Einzahl, es sei denn sie werden in der Regel nur in der Pluralform verwendet.

Es war uns wichtig, bei Funktions- und Berufsbezeichnungen Männer und Frauen gleichermaßen und gleichberechtigt zu berücksichtigen. Da wir aber aus Platzgründen nicht immer beide Geschlechter gleichzeitig abbilden können, orientiert sich das Geschlecht des Wortes immer am Geschlecht der abgebildeten Figur.

INDICACIONES PARA EL USO DE ESTE DICCIONARIO

Con las 1.500 palabras más útiles, este diccionario va a ser su acompañante ideal en la vida diaria.

A continuación los consejos más importantes para que pueda sacarle el mayor partido a este diccionario:

1. Traducir rápidamente

Este diccionario está dividido en los nueve campos temáticos más imporantes de la vida cotidiana. Tanto si usted está en casa, de viaje o en el trabajo: hojee el capítulo que le parezca más relevante y tendrá enseguida y de un vistazo las palabras que necesita. ¿Busca una palabra determinada? Consulte detrás en el índice alfabético.

2. Las frases más importantes

En los nueves capítulos encontrará, además de las imágenes con su traducción correspondiente, las frases para las situaciones más frecuentes.

3. La pronunciación correcta

Para que pueda pronunciar correctamente cada palabra, hemos transcrito cada palabra y cada frase con signos fonéticos.

La transcripción fonética en español está en la parte del diccionario justo al lado de la palabra. La transcripción fonética en alemán la encontrará en el índice alfabético.

En la primera y en la última página del libro encontrará, respectivamente, una relación sobre los signos fonéticos del español y del alemán.

4. Sin palabras

Si alguna vez se queda sin la palabra adecuada, simplemente señale la imagen correspondiente. Así podrá hacerse entender sin palabras en cualquier parte del mundo.

Lo que también debería saber

Los términos de este diccionario aparecen siempre en singular, a excepción de los que solo se utilizan en su forma plural por norma general.

Para nosotros ha sido muy importante tratar con igualdad e igualitariamente las actividades y las profesiones de hombres y mujeres. Sin embargo, por motivos de espacio, ha sido imposible plasmar siempre la versión femenina y la masculina. Así, el género del término se ciñe siempre a la imagen que aparece.

FAMILIE UND FREUNDSCHAFT
FAMILIA Y AMISTAD

DIE FAMILIE – LA FAMILIA

der Schwiegervater
el **suegro**
[ˈsweɣro]

die Schwiegermutter
la **suegra**
[ˈsweɣra]

die Schwägerin
la **cuñada**
[kuˈɲaða]

der Schwager
el **cuñado**
[kuˈɲaðo]

der Ehemann
el **marido**
[maˈriðo]

die Ehefrau
la **esposa**
[esˈposa]

der Schwiegersohn
el **yerno**
[ˈɟerno]

die Tochter
la **hija**
[ˈixa]

der Sohn
el **hijo**
[ˈixo]

der Enkel
el **nieto**
[ˈnjeto]

die Enkelin
la **nieta**
[ˈnjeta]

DIE FAMILIE – LA FAMILIA

der Großvater
el **abuelo**
[aˈβwelo]

die Großmutter
la **abuela**
[aˈβwela]

die Mutter
la **madre**
[ˈmaðre]

der Vater
el **padre**
[ˈpaðre]

die Tante
la **tía**
[ˈtia]

der Onkel
el **tío**
[ˈtio]

die Schwester
la **hermana**
[erˈmana]

der Bruder
el **hermano**
[erˈmano]

die Cousine
la **prima**
[ˈprima]

die Nichte
la **sobrina**
[soˈβrina]

der Neffe
el **sobrino**
[soˈβrino]

BEZIEHUNGEN – RELACIONES SOCIALES

das Baby
el **bebé**
[beˈβe]

das Kind
el **niño**
[ˈniɲo]

die Frau
la **mujer**
[muˈxer]

Frau ...
señora...
[seˈɲora]

die Jugendliche
la **joven**
[ˈxoβen]

die Zwillinge
las **gemelas**
[xeˈmelas]

das Paar
la **pareja**
[paˈrexa]

die Freundin
la **novia**
[ˈnoβja]

der Freund
el **novio**
[ˈnoβjo]

der/die Verwandte	el **familiar**	[famiˈljar]
die Großeltern	los **abuelos**	[aˈβwelos]
die Eltern	los **padres**	[ˈpaðres]
das Ehepaar	el **matrimonio**	[matriˈmonjo]
ledig	**soltero (-a)**	[sol̪ˈtero, -a]
verheiratet	**casado (-a)**	[kaˈsaðo, -a]
geschieden	**divorciado (-a)**	[diβorˈθjaðo, -a]
verwitwet	**viudo (-a)**	[ˈbjuðo, -a]
verwandt	**emparentado (-a)**	[emparen̪ˈtaðo, -a]

Herr ...
señor...
[seˈɲor]

der Mann
el **hombre**
[ˈombre]

BEZIEHUNGEN – RELACIONES SOCIALES

der Junge
el **chico**
[ˈtʃiko]

das Mädchen
la **chica**
[ˈtʃika]

die Freunde
los **amigos**
[aˈmiɣos]

jemanden vorstellen
presentar a alguien
[preseṇˈtar a ˈalɣjen]

jemanden begrüßen
saludar a alguien
[saluˈðar a ˈalɣjen]

sich die Hand geben
darse la mano
[ˈdarse la ˈmano]

sich verbeugen
hacer una reverencia
[aˈθer ˈuna rreβeˈreṇθja]

sich umarmen
abrazarse
[aβraˈθarse]

der/die Bekannte
el (la) **conocido (-a)**
[konoˈθiðo, -a]

der Erwachsene	el **adulto** [aˈðuḷto]
die Geschwister	los **hermanos** [erˈmanos]
der Patenonkel	el **padrino** [paˈðrino]
die Patentante	la **madrina** [maˈðrina]
der Stiefvater	el **padrastro** [paˈðrastro]
die Stiefmutter	la **madrastra** [maˈðrastra]
der Stiefbruder	el **hermanastro** [ermaˈnastro]
die Stiefschwester	la **hermanastra** [ermaˈnastra]
der Nachbar	el **vecino** [beˈθino]
die Nachbarin	la **vecina** [beˈθina]

BEZIEHUNGEN – RELACIONES SOCIALES

jemandem einen Kuss geben
darle a alguien un beso
['darle a 'alɣjen un 'beso]

sich verabschieden
despedirse
[despe'ðirse]

winken
saludar con la mano
[salu'ðar kon la 'mano]

lachen
reír
[rre'ir]

weinen
llorar
[ʎo'rar]

jemanden anrufen
llamar a alguien por teléfono
[ʎa'mar a 'alɣjen por te'lefono]

das kleine Geschenk
el **detalle**
[de'taʎe]

die Hochzeit
la **boda**
['boða]

der Geburtstag
el **cumpleaños**
[kumple'aɲos]

Hallo!	**¡Hola!** ['ola]
Guten Tag!	**¡Buenos días!** ['bwenos 'dias]
Guten Abend!	**¡Buenas tardes!** ['bwenas 'tarðes]
Wie heißt du?	**¿Cómo te llamas?** ['komo te 'ʎamas]
Wie heißen Sie?	**¿Cómo se llama usted?** ['komo se 'ʎama us'teð]
Ich heiße ...	**Me llamo...** [me 'ʎamo]
Herzlich willkommen!	**¡Bienvenido/-ida!** [bjembe'niðo/-iða]
Tschüss!	**¡Adiós!** [a'ðjos]
Auf Wiedersehen!	**¡Hasta la vista!** ['asta la 'bista]

WOHNUNG UND HAUSHALT
VIVIENDA Y HOGAR

DIE WOHNUNG – EL PISO

das Einfamilienhaus
la **casa unifamiliar**
[ˈkasa unifamiˈljar]

das Mehrfamilienhaus
la **casa plurifamiliar**
[ˈkasa plurifamiˈljar]

der Briefkasten
el **buzón**
[buˈθon]

die Türklingel
el **timbre**
[ˈtimbre]

die Sprechanlage
el **interfono**
[in̪terˈfono]

die Hausnummer
el **número (de la portería)**
[ˈnumero (de la porteˈria)]

der Hausschlüssel
la **llave de la puerta**
[ˈʎaβe de la ˈpwerta]

das Türschloss
la **cerradura de la puerta**
[θerraˈðura de la ˈpwerta]

der Fußabtreter
el **felpudo**
[felˈpuðo]

die Eigentumswohnung	el **piso en propiedad** [ˈpiso en propjeˈðað]
die Mietwohnung	el **piso de alquiler** [ˈpiso de alkiˈler]
der Hof	el **patio** [ˈpatjo]
das Eigentum	la **propiedad** [propjeˈðað]
das Grundstück	el **terreno** [teˈrreno]
der Umbau	la **reforma** [rreˈforma]
der Anbau	la **ampliación** [ampljaˈθjon]
zu verkaufen	**se vende** [se ˈben̪de]

der Hausmeister
el **portero**
[porˈtero]

der Dachboden
el **desván**
[desˈβan]

der Keller
el **sótano**
[ˈsotano]

der Flur
el **pasillo**
[paˈsiʎo]

der Aufzug
el **ascensor**
[asθenˈsor]

die Garage
el **garaje**
[gaˈraxe]

der Rauchmelder
el **detector de humo**
[detekˈtor de ˈumo]

das Treppenhaus
la **escalera**
[eskaˈlera]

mieten	**alquilar** [alkiˈlar]
die Miete	el **alquiler** [alkiˈler]
vermieten	**alquilar** [alkiˈlar]
der Vermieter	el **arrendador** [arreṇdaˈðor]
die Vermieterin	la **arrendadora** [arreṇdaˈðora]
der Mieter	el **inquilino** [iŋkiˈlino]
die Mieterin	la **inquilina** [iŋkiˈlina]
die Kaution	el **depósito** [deˈposito]

der Mietvertrag
el **contrato de alquiler**
[koṇˈtrato de alkiˈler]

DAS HAUS – LA CASA

das Schlüsselbrett
el **colgador para llaves**
[kolɣaˈðor ˈpara ˈʎaβes]

der Kleiderhaken
el **colgadero**
[kolɣaˈðero]

der Kleiderbügel
la **percha**
[ˈpertʃa]

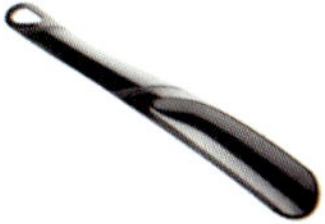

der Schuhlöffel
el **calzador**
[kal̪θaˈðor]

das Bücherregal
la **estantería para libros**
[estan̪teˈria ˈpara ˈliβros]

die Vitrine
la **vitrina**
[biˈtrina]

die Fernsehbank
el **banco de televisión**
[ˈbaŋko de teleβiˈsjon]

die Schlafcouch
el **sofá cama**
[soˈfa ˈkama]

die Blumenvase
el **jarrón**
[xaˈrron]

die Anrichte
el **aparador**
[aparaˈðor]

der Hochstuhl
la **trona**
[ˈtrona]

die Wanduhr
el **reloj de pared**
[rreˈlox de paˈreð]

DAS WOHNZIMMER – LA SALA DE ESTAR

der Spiegel
el **espejo**
[es'pexo]

der Vorhang
la **cortina** [kor'tina]

der Ventilator
el **ventilador**
[bentila'ðor]

die Decke
el **techo** ['tetʃo]

das Sofa
el **sofá**
[so'fa]

die Lampe
la **lámpara**
['lampara]

der Beistellschrank
el **armario auxiliar**
[ar'marjo auɣsi'ljar]

der Kamin
la **chimenea**
[tʃime'nea]

der Sessel
el **sillón**
[si'ʎon]

der Couchtisch
la **mesa de tresillo**
['mesa de tre'siʎo]

der Teppichboden
la **moqueta**
[mo'keta]

DAS ESSZIMMER – EL COMEDOR

das Rollo
el **estor enrollable**
[es'tor enrro'ʎaβle]

der Kronleuchter
la **lámpara de araña**
['lampara de a'raɲa]

der Stuhl
la **silla**
['siʎa]

die Vitrine
la **vitrina**
[bi'trina]

die Zimmerpflanze
la **planta de interior**
['plan̪ta de in̪te'rjor]

das Fensterbrett
el **alféizar**
[al'fei̯θar]

der Esstisch
la **mesa comedor**
['mesa kome'ðor]

der Tischläufer
el **camino de mesa**
[ka'mino de 'mesa]

die Tischdekoration
la **decoración de la mesa**
[dekora'θjon de la 'mesa]

die Kerze
la **vela**
['bela]

der Holzboden
el **suelo de madera**
['swelo de ma'ðera]

DIE KÜCHE – LA COCINA

die Einbauküche
la **cocina americana**
[ko'θina ameri'kana]

die Spülmaschine
el **lavaplatos**
[laβa'platos]

die Arbeitsplatte
la **encimera**
[en̦θi'mera]

der Hängeschrank
el **armario colgante**
[ar'marjo kol'ɣan̦te]

die Dunstabzugshaube
la **campana (extractora)**
[kam'pana (estrak'tora)]

der Herd
la **cocina**
[ko'θina]

der Backofen
el **horno**
['orno]

das Spülbecken
el **fregadero**
[freɣa'ðero]

der Küchenhocker
el **taburete (de cocina)**
[taβu'rete de ko'θina]

die Schublade
el **cajón**
[ka'xon]

der Gefrierschrank
el **congelador**
[koŋxela'ðor]

der Kühlschrank
la **nevera**
[ne'βera]

DIE KÜCHE – LA COCINA

die Mikrowelle
el **microondas**
[mikroˈoṇdas]

der Mixer
la **batidora**
[batiˈðora]

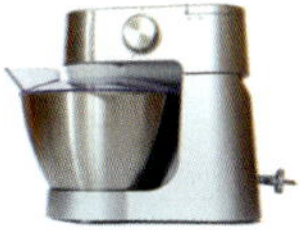

die Küchenmaschine
el **robot de cocina**
[rroˈβot de koˈθina]

das Handrührgerät
la **batidora de mano**
[batiˈðora de ˈmano]

der Wasserkocher
el **hervidor de agua**
[erβiˈðor de ˈaɣwa]

der Toaster
la **tostadora**
[tostaˈðora]

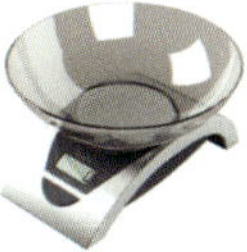

die Küchenwaage
la **balanza de cocina**
[baˈlaṇθa de koˈθina]

der Reiskocher
la **arrocera eléctrica**
[arroˈθera eˈlektrika]

die Kaffeemaschine
la **máquina de café**
[ˈmakina de kaˈfe]

das Küchenpapier
el **papel de cocina**
[paˈpel de koˈθina]

die Schürze
el **delantal**
[delaṇˈtal]

das Backblech
la **bandeja para el horno**
[baṇˈdexa ˈpara ˈorno]

DIE KÜCHE – LA COCINA

das Tablett
la **bandeja**
[ban̪ˈdexa]

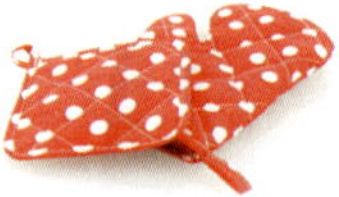

der Topfhandschuh
la **manopla de cocina**
[maˈnopla de koˈθina]

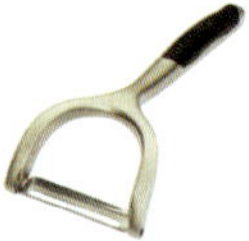

der Schäler
el **pelador**
[pelaˈðor]

das Schneidebrett
la **tabla de cortar**
[ˈtaβla de korˈtar]

das Küchenmesser
el **cuchillo de cocina**
[kuˈtʃiʎo de koˈθina]

das Küchensieb
el **colador**
[kolaˈðor]

der Dosenöffner
el **abrelatas**
[aβreˈlatas]

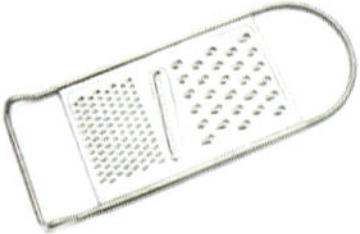

die Reibe
el **rallador**
[rraʎaˈðor]

der Kochlöffel
el **cuchara de madera**
[kuˈtʃara de maˈðera]

die Bratpfanne
la **sartén**
[sarˈten]

der Wok
el **wok**
[bok]

der Kochtopf
la **olla**
[ˈoʎa]

DAS SCHLAFZIMMER – EL DORMITORIO

das Doppelbett
la **cama de matrimonio**
[ˈkama de matriˈmonjo]

das Kopfkissen
la **almohada**
[almoˈaða]

der Kissenbezug
la **funda de la almohada**
[ˈfun̪da de la almoˈaða]

die Nachttischlampe
la **lamparilla**
[lampaˈriʎa]

die Kommode
la **cómoda**
[ˈkomoða]

die Bettdecke
el **edredón**
[eðreˈðon]

das Laken
la **sábana bajera**
[ˈsaβana baˈxera]

der Teppich
la **alfombra**
[alˈfombra]

der Hocker
el **puf**
[puf]

die Matratze
el **colchón**
[kolˈʧon]

der Nachttisch
la **mesita de noche**
[meˈsita de ˈnoʧe]

DAS KINDERZIMMER – EL CUARTO DE LOS NIÑOS

der Ball
la **pelota**
[peˈlota]

die Puppe
la **muñeca**
[muˈɲeka]

die Wickeltasche
la **bolsa del bebé**
[ˈbolsa del beˈβe]

der Kinderwagen
el **carrito**
[kaˈrrito]

das Babyfon®
el **intercomunicador**
[iṇterkomunikaˈðor]

der Laufstall
el **parque**
[ˈparke]

das Töpfchen
el **orinal**
[oriˈnal]

die Babytragetasche
el **capazo**
[kaˈpaθo]

der Schulranzen
la **cartera del colegio**
[karˈtera del koˈlexjo]

das Bauklötzchen
el **bloque de construcción**
[ˈbloke de konstruɣˈθjon]

der Babyschlafsack
el **saco de dormir**
[ˈsako de dorˈmir]

die Rassel
el **sonajero**
[sonaˈxero]

DAS BADEZIMMER – EL CUARTO DE BAÑO

der Spiegel
el **espejo**
[esˈpexo]

das Waschbecken
el **lavabo**
[laˈβaβo]

die Dusche
la **ducha**
[ˈduʧa]

das Handtuch
la **toalla**
[toˈaʎa]

der Wasserhahn
el **grifo**
[ˈgrifo]

die Badewanne
la **bañera**
[baˈɲera]

die Toilette
el **váter**
[ˈbater]

der Klostein
el **bloc de WC**
[blok de ˈbater]

das Toilettenpapier
el **papel higiénico**
[paˈpel iˈxjeniko]

die Klobürste
la **escobilla**
[eskoˈβiʎa]

DIE WASCHKÜCHE – EL LAVADERO

die Waschmaschine
la **lavadora**
[laβa'ðora]

der Fleckenentferner
el **quitamanchas**
[kita'manʧas]

der Weichspüler
el **suavizante**
[swaβi'θaṇte]

das Bleichmittel
la **lejía**
[le'xia]

das Waschpulver
el **detergente en polvo**
[deter'xeṇte en 'polβo]

die Wäscheleine
la **cuerda para tender la ropa**
['kwerða 'para teṇ'der la 'rropa]

die Wäscheklammer
la **pinza**
['piṇθa]

das Bügeleisen
la **plancha**
['planʧa]

das Bügelbrett
la **tabla de planchar**
['taβla de plan'ʧar]

die Waschmaschine füllen	**llenar la lavadora** [ʎe'nar la laβa'ðora]
die Wäsche waschen	**lavar la ropa** [la'βar la 'rropa]
die Wäsche schleudern	**centrifugar la ropa** [θeṇtrifu'ɣar la 'rropa]
der Wäscheständer	el **tendedero** [teṇde'ðero]
der Wäschetrockner	**secadora** [seka'ðora]
der Schmutzwäschekorb	el **cesto de la ropa sucia** ['θesto de la 'rropa 'suθja]
die Wäsche zum Trocknen aufhängen	**tender la ropa para que se seque** [teṇ'der la 'rropa 'para ke se se'ke]
bügeln	**planchar** [plan'ʧar]

REINIGUNGSARTIKEL – ARTÍCULOS DE LIMPIEZA

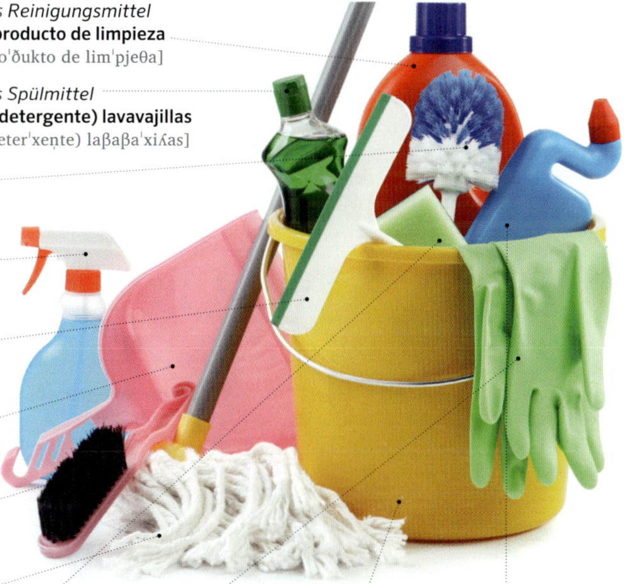

das Reinigungsmittel
el **producto de limpieza**
[pro'ðukto de lim'pjeθa]

das Spülmittel
el **(detergente) lavavajillas**
[(deter'xeṇte) laβaβa'xiʎas]

die Bürste
la **escobilla**
[esko'βiʎa]

die Sprühflasche
el **pulverizador**
[pulβeriθa'ðor]

der Gummiwischer
el **limpiacristales**
[limpjakris'tales]

die Kehrschaufel
el **recogedor**
[rrekoxe'ðor]

der Handfeger
la **escobilla**
[esko'βiʎa]

der Wischmopp
la **fregona**
[fre'ɣona]

der Schwamm
el **estropajo**
[estro'paxo]

der Gummihandschuh
el **guante de goma**
['gwaṇte de 'goma]

der Eimer
el **cubo**
['kuβo]

der WC-Reiniger
el **detergente para WC**
[deter'xeṇte 'para 'bater]

DIE HEIMWERKSTATT – EL TALLER EN CASA

die Handsäge
el **serrucho**
[seˈrruʧo]

das Schleifpapier
el **papel de lija**
[paˈpel de ˈlixa]

das Teppichmesser
el **cúter**
[ˈkuter]

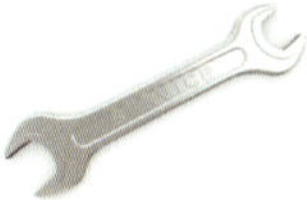

der Schraubenschlüssel
la **llave inglesa**
[ˈʎaβe iŋˈglesa]

das Maßband
la **cinta métrica**
[ˈθiṇta ˈmetrika]

der Nagel
el **clavo**
[ˈklaβo]

der Hammer
el **martillo**
[marˈtiʎo]

die Wasserwaage
el **nivel de aire**
[niˈβel de ˈai̯re]

die Kombizange
los **alicates**
[aliˈkates]

der Schraubenzieher
el **destornillador**
[destorniʎaˈðor]

die Schraube
el **tornillo**
[torˈniʎo]

die Mutter
la **tuerca**
[ˈtwerka]

DIE HEIMWERKSTATT – EL TALLER EN CASA

der Akkubohrer
la **taladradora sin cable**
[talaðraˈðora sin ˈkaβle]

der Akku
la **batería**
[bateˈria]

der Bohrer
la **broca**
[ˈbroka]

der Elektrobohrer
la **taladradora**
[talaðraˈðora]

der Besen
la **escoba**
[esˈkoβa]

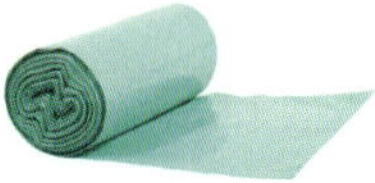

der Müllbeutel
la **bolsa de basura**
[ˈbolsa de baˈsura]

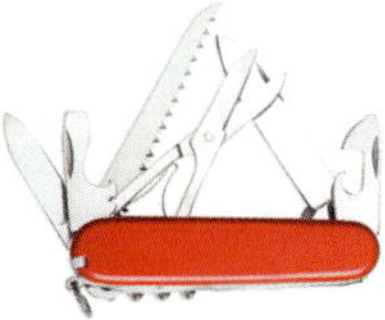

das Taschenmesser
la **navaja**
[naˈβaxa]

der Inbusschlüssel
la **llave Allen**
[ˈʎaβe ˈaleṇ]

DIE HEIMWERKSTATT – EL TALLER EN CASA

das Verdünnungsmittel
el **diluyente**
[diluˈɟen̪te]

der Flachpinsel
la **brocha**
[ˈbrot͡ʃa]

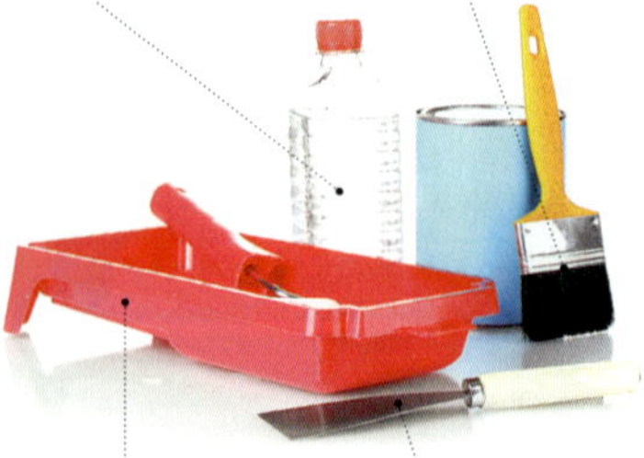

die Farbwanne
la **bandeja**
[ban̪ˈdexa]

der/die Spachtel
la **espátula**
[esˈpatula]

tapezieren
empapelar
[empapeˈlar]

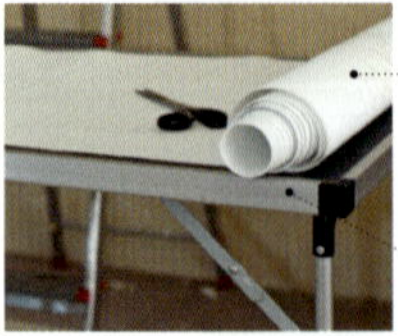

die Tapetenrolle
el **rollo de papel pintado**
[ˈrroʎo de paˈpel pin̪ˈtaðo]

der Tapeziertisch
la **mesa de pintor**
[ˈmesa de pin̪ˈtor]

das Abdeckband
la **cinta de enmascarar**
[ˈθin̪ta de enmaskaˈrar]

die Farbe
la **pintura**
[pin̪ˈtura]

der Werkzeugkasten
la **caja de herramientas**
[ˈkaxa de erraˈmjen̪tas]

kacheln	**alicatar** [alikaˈtar]
verputzen	**emplastar** [emplasˈtar]
spachteln	**masillar** [masiˈʎar]
die Tapete entfernen	**arrancar el papel pintado** [arraŋˈkar el paˈpel pin̪ˈtaðo]
die Abdeckfolie	el **plástico protector** [ˈplastiko protekˈtor]
die Spachtelmasse	la **masilla** [maˈsiʎa]
das Lösungsmittel	el **disolvente** [disolˈβen̪te]
das Versiegelungsmittel	el **sellante** [seˈʎan̪te]

STROM UND HEIZUNG – ELECTRICIDAD Y CALEFACCIÓN

der Heizkörper
el **radiador**
[rraðja'ðor]

die Steckdose
el **enchufe**
[en'ʧufe]

der Stecker
la **clavija**
[kla'βixa]

das Verlängerungskabel
el **(cable) alargador**
[('kaβle) alarɣa'ðor]

die Sicherung
el **fusible**
[fu'siβle]

der Stromzähler
el **contador de electricidad**
[koņta'ðor de elektriθi'ðað]

die Energiesparlampe
la **bombilla de bajo consumo**
[bom'biʎa de 'baxo kon'sumo]

die Glühbirne
la **bombilla**
[bom'biʎa]

die Heizung anschalten/ ausschalten	**encender/apagar la calefacción** [eņθeņ'der/apa'ɣar la kalefaɣ'θjon]
die Solarheizung	la **calefacción solar** [kalefaɣ'θjon so'lar]
die Zentralheizung	la **calefacción central** [kalefaɣ'θjon θeņ'tral]
die Fußbodenheizung	la **calefacción de suelo radiante** [kalefaɣ'θjon de 'swelo rra'ðjaņte]
der Sicherungskasten	la **caja de fusibles** ['kaxa de fu'siβles]
die Leitung	el **cable** ['kaβle]
der Adapter	el **adaptador** [aðapta'ðor]

der Schalter
el **interruptor**
[iņterrup'tor]

die Mehrfachsteckdose
el **enchufe múltiple**
[en'ʧufe 'mu]tiple]

DER GARTEN – EL JARDÍN

der Gartenschlauch
la **manguera**
[maŋˈgera]

die Rosenschere
las **tijeras de podar**
[tiˈxeras de poˈðar]

der Spaten
la **pala**
[ˈpala]

der Rechen
el **rastrillo**
[rrasˈtriʎo]

der Rasenmäher
el **cortacésped**
[kortaˈθespeð]

die Schubkarre
la **carretilla**
[karreˈtiʎa]

den Rasen mähen
cortar del césped
[korˈtar el ˈθespeð]

Unkraut jäten
escardar
[eskarˈðar]

zurückschneiden
podar
[poˈðar]

düngen	**abonar** [aβoˈnar]
ernten	**cosechar** [koseˈʧar]
züchten	**cultivar** [kul̥tiˈβar]
vermehren	**hacer que prolifere** [aˈθer ke proliˈfere]
gießen	**regar** [rreˈɣar]
der Sämling	el **brote** [ˈbrote]
der Dünger	el **abono** [aˈβono]
der Unkrautvernichter	el **herbicida** [erβiˈθiða]

STRASSE UND SCHIENE
CARRETERA Y RAÍL

STRASSEN UND VERKEHR - TRÁFICO Y CARRETERAS

① *die Straßenlaterne*
la **farola**
[fa'rola]

② *die Fußgängerampel*
el **semáforo para peatones**
[se'maforo 'para pea'tones]

③ *der Bürgersteig*
la **acera**
[a'θera]

④ *die Ampel*
el **semáforo**
[se'maforo]

⑤ *die Fahrspur*
el **carril**
[ka'rril]

der Tunnel
el **túnel**
['tunel]

der Zebrastreifen
el **paso de cebra**
['paso de 'θebra]

die Brücke
el **puente**
['pweṇte]

der Kreisverkehr
la **rotonda**
[rro'toṇda]

STRASSEN UND VERKEHR – TRÁFICO Y CARRETERAS

die Autobahn
la **autopista**
[au̯toˈpista]

① *der Mittelstreifen*
la **mediana**
[meˈðjana]

② *die Überholspur*
el **carril de adelantamiento**
[kaˈrril de aðelan̪taˈmjen̪to]

③ *die Überführung*
el **paso elevado**
[ˈpaso eleˈβaðo]

④ *die Unterführung*
el **paso subterráneo**
[ˈpaso suβteˈrraneo]

⑤ *die Einfahrt*
la **entrada**
[en̪ˈtraða]

⑥ *die Ausfahrt*
la **salida**
[saˈliða]

die Kreuzung	el **cruce** [ˈkruθe]
die Vorfahrt	la **preferencia** [prefeˈren̪θja]
die Geschwindigkeitsüberschreitung	el **exceso de velocidad** [esˈθeso de beloθiˈðað]
anhalten	**parar** [ˈparar]
der Standstreifen	el **arcén** [arˈθen]
die Raststätte	el **área de servicio** [ˈarea de serˈβiθjo]
die Entfernungstafel	la **señal indicadora** [seˈɲal in̪dikaˈðora]
rückwärtsfahren	**ir marcha atrás** [ir ˈmartʃa aˈtras]

der Stau
el **atasco**
[aˈtasko]

STRASSEN UND VERKEHR – TRÁFICO Y CARRETERAS

Einfahrt verboten
prohibido el paso
[proi̯ˈβiðo el ˈpaso]

das Halteverbot
prohibido parar
[proi̯ˈβiðo paˈrar]

Einbiegen nach rechts verboten
prohibido girar a la derecha
[proi̯ˈβiðo xiˈrar a la deˈreʧa]

Einbiegen nach links verboten
prohibido girar a la izquierda
[proi̯ˈβiðo xiˈrar a la iθˈkjerða]

Wenden verboten
prohibido cambiar de sentido
[proi̯ˈβiðo kamˈbjar de seṇˈtiðo]

die Baustelle
la **obra**
[ˈoβra]

der Gegenverkehr
el **tráfico en sentido opuesto**
[ˈtrafiko en seṇˈtiðo oˈpwesto]

das Gefälle
el **desnivel**
[desniˈβel]

die Schneeglätte
el **pavimento deslizante por nieve** [paβiˈmeṇto desliˈθaṇte por ˈnjeβe]

die Geschwindigkeits-begrenzung
el **límite de velocidad**
[ˈlimite de beloθiˈðað]

Vorfahrt gewähren!
¡Ceda el paso!
[θeˈða el ˈpaso]

die Einbahnstraße
la **calle de sentido obligatorio**
[ˈkaʎe de seṇˈtiðo oβliɣaˈtorjo]

DAS AUTO – EL COCHE

die Beifahrerseite
la **parte del copiloto**
['parte del kopi'loto]

das Dach
el **techo**
['tetʃo]

die Windschutzscheibe
el **parabrisas**
[para'βrisas]

die Fahrerseite
la **parte del conductor**
['parte del kon̪duk'tor]

das Blinklicht
el **intermitente**
[in̪termi'ten̪te]

der Rückspiegel
el **(espejo) retrovisor**
[(es'pexo) rretroβi'sor]

das Rad
la **rueda**
['rrweða]

der Scheibenwischer
el **limpiaparabrisas**
[limpjapara'βrisas]

der Kühlergrill
la **calandra**
[ka'lan̪dra]

die Stoßstange
el **parachoques**
[para'tʃokes]

das Nummernschild
la **(placa de) matrícula**
[('plaka de) ma'trikula]

der Nebelscheinwerfer
la **luz antiniebla delantera**
[luθ an̪ti'njeβla delan̪'tera]

DAS AUTO – EL COCHE

① *die Motorhaube*
el **capó**
[ka'po]

② *der Seitenspiegel*
el **(espejo) retrovisor lateral**
[(es'pexo) rretroβi'sor late'ral]

③ *die Autotür*
la **puerta**
['pwerta]

④ *die Radkappe*
el **tapacubos**
[tapa'kuβos]

⑤ *der Kofferraum*
el **maletero**
[male'tero]

⑥ *der Scheinwerfer*
el **faro**
['faro]

⑦ *die Bremsleuchte*
la **luz de freno**
[luθ de 'freno]

⑧ *die Rückleuchte*
la **luz trasera**
[luθ tra'sera]

⑨ *der Reifen*
el **neumático**
[neu̯'matiko]

⑩ *das Seitenfenster*
la **ventanilla lateral**
[ben̪ta'niʎa late'ral]

⑪ *der Rückfahrscheinwerfer*
la **luz de marcha atrás**
[luθ de 'marʧa a'tras]

⑫ *der Türgriff*
la **manilla (de la puerta)**
[ma'niʎa (de la 'pwerta)]

DAS AUTO – EL COCHE

① *der Seitenspiegel*
el **(espejo) retrovisor lateral**
[(es'pexo) rretroβi'sor late'ral]

② *das Armaturenbrett*
el **salpicadero**
[salpika'ðero]

③ *das Handschuhfach*
la **guantera**
[gwan̦'tera]

④ *der Beifahrersitz*
el **asiento del copiloto**
[a'sjen̦to del kopi'loto]

⑤ *der Schalthebel*
la **palanca de cambio**
[pa'laŋka de 'kambjo]

⑥ *die Handbremse*
el **freno de mano**
['freno de 'mano]

⑦ *der Fahrersitz*
el **asiento del conductor**
[a'sjen̦to del kon̦duk'tor]

⑧ *das Lenkrad*
el **volante**
[bo'lan̦te]

die Fußstütze	el **reposapiés** [rreposa'pjes]
das Kupplungspedal	el **(pedal del) embrague** [(pe'ðal del) em'braɣe]
das Bremspedal	el **(pedal del) freno** [(pe'ðal del) 'freno]
das Gaspedal	el **(pedal del) acelerador** [(pe'ðal del) aθelera'ðor]
der Sicherheitsgurt	el **cinturón de seguridad** [θin̦tu'ron de seɣuri'ðað]
die Kopfstütze	el **reposacabezas** [rreposaka'βeθas]
der Airbag	el **airbag** ['ai̯rβaɣ]
die Hupe	el **claxon** ['klaɣson]

der Blinkerhebel
la **palanca del intermitente**
[pa'laŋka del in̦termi'ten̦te]

DAS AUTO – EL COCHE

die Preisanzeige
el **indicador del precio**
[indika'ðor del 'preθjo]

die Literanzeige
el **indicador de los litros**
[indika'ðor de los 'litros]

der Feuerlöscher
el **extintor**
[estin'tor]

die Zapfsäule
el **surtidor (de gasolina)**
[surti'ðor (de gaso'lina)]

das Reifenfüllgerät
el **inflador de neumáticos**
[iɱfla'ðor de neu'matikos]

das Benzin
la **gasolina**
[gaso'lina]

bleifrei
sin plomo
[sin 'plomo]

der Diesel
el **diésel/gasóleo**
['djesel/ga'soleo]

verbleit
con plomo
[kon 'plomo]

der Zapfschlauch
la **manguera**
[maŋ'gera]

tanken
poner gasolina
[po'ner gaso'lina]

der Motor	el **motor** [mo'tor]
der Benzintank	el **depósito de la gasolina** [de'posito de la gaso'lina]
das Getriebe	la **caja (de cambios)** ['kaxa (de 'kambjos)]
der Kühler	el **radiador** [rraðja'ðor]
der Ventilator	el **ventilador** [bentila'ðor]
die Batterie	la **batería** [bate'ria]
der Auspufftopf	el **silenciador** [silenθja'ðor]
das Auspuffrohr	el **tubo de escape** ['tuβo de es'kape]

den Reifen wechseln
cambiar la rueda
[kam'bjar la 'rrweða]

das Reserverad
la **rueda de recambio**
['rrweða de rre'kambjo]

der Radmutternschlüssel
la **llave de tuerca de rueda**
['ʎaβe de 'twerka de 'rrweða]

die Reifenpanne
el **pinchazo**
[pin'ʧaθo]

der Verkehrsunfall	el **accidente de carretera** [aɣθi'ðen̩te de karre'tera]
Ich habe eine Panne.	**Mi coche tiene una avería.** [mi 'koʧe 'tjene 'una aβe'ria]
Könnten Sie bitte den Pannendienst anrufen?	**¿Podría llamar al servicio de asistencia en carretera?** [po'ðrja ʎa'mar al ser'βiθjo de asis'ten̩θja en karre'tera]
Der Motor springt nicht an.	**El motor no arranca.** [el mo'tor no a'rraŋka]
das Starthilfekabel	el **cable de arranque** ['kaβle de a'rraŋke]
Könnten Sie mir Starthilfe geben?	**¿Podría ayudarme a arrancar el coche?** [po'ðrja aɟu'ðarme a arraŋ'kar el 'koʧe]
der Ersatzreifen	la **rueda de recambio** ['rrweða de rre'kambjo]
Könnten Sie mir beim Reifenwechseln helfen?	**¿Podría ayudarme a cambiar la rueda?** [po'ðrja aɟu'ðarme a kam'bjar la 'rrweða]

DER BUS – AUTOBUSES Y AUTOCARES

der Reisebus
el **autocar**
[au̯to'kar]

der Gepäckraum
el **maletero**
[male'tero]

der Fahrplan
el **horario**
[o'rarjo]

die Bushaltestelle
la **parada de autobús**
[pa'raða de au̯to'βus]

das Wartehäuschen
la **parada con garita**
[pa'raða kon ga'rita]

der Halteknopf
el **botón de parada**
[bo'ton de pa'raða]

die Halteschlaufe
el **asidero**
[asi'ðero]

der Schulbus
el **autocar escolar**
[au̯to'kar esko'lar]

der Niederflurbus	el **autobús de piso bajo** [au̯to'βus de 'piso 'baxo]
der Busbahnhof	la **estación de autobuses** [esta'θjon de au̯to'βuses]
der Linienbus	el **autobús de línea** [au̯to'βus de 'linea]
der Kleinbus	el **microbús** [mikro'βus]
die Monatskarte	el **abono mensual** [a'βono men'sual]
der Fahrpreis	el **precio del billete (sencillo)** ['preθjo del bi'ʎete (seṇ'θiʎo)]
die Fahrkarte	el **billete** [bi'ʎete]
der Fahrkartenautomat	la **máquina expendedora** ['makina espeṇde'ðora]

DAS FAHRRAD – LA BICICLETA

der Sattel
el **sillín**
[siˈʎin]

der Lenker
el **manillar**
[maniˈʎar]

das Vorderrad
la **rueda delantera**
[ˈrrweða delan̦ˈtera]

der Reifen
la **cubierta**
[kuˈβjerta]

das Hinterrad
la **rueda trasera**
[ˈrrweða traˈsera]

die Kette
la **cadena**
[kaˈðena]

das Pedal
el **pedal**
[peˈðal]

die Speiche
el **radio**
[ˈrraðjo]

der Schalthebel	la **palanca de cambio** [paˈlaŋka de ˈkambjo]
der Bremshebel	la **palanca de freno** [paˈlaŋka de ˈfreno]
die Luftpumpe	la **bomba** [ˈbomba]
der Fahrradhelm	el **casco** [ˈkasko]
bremsen	**frenar** [freˈnar]
einen Fahrradschlauch flicken	**reparar una cámara de bicicleta** [rrepaˈrar ˈuna ˈkamara de biθiˈkleta]

das Fahrradschloss
el **candado**
[kan̦ˈdaðo]

DER ZUG - EL TREN

der Zug
el **tren**
[tren]

der Bahnsteig
el **andén**
[an̪'den]

einsteigen
subir
[su'βir]

aussteigen
bajar
[ba'xar]

die Gleisnummer
el **número de vía**
['numero de 'bia]

die Rolltreppe
la **escalera mecánica**
[eska'lera me'kanika]

die U-Bahn
el **metro**
['metro]

die Verspätung	el **retraso** [rre'traso]
pünktlich	**puntual** [pun̪tu'al]
umsteigen	**hacer trasbordo** [a'θer tras'βorðo]
die Straßenbahn	el **tranvía** [tram'bia]
die Sitzplatzreservierung	la **reserva de asiento** [rre'serβa de a'sjen̪to]
Eine einfache Fahrt nach ..., bitte.	**Un billete solo de ida a...** [un bi'ʎete 'solo de 'iða a]
hin und zurück	**de ida y vuelta** [de 'iða i 'bwel̪ta]
Ist dieser Platz noch frei?	**¿Está libre este asiento?** [es'ta 'liβre 'este a'sjen̪to]

ESSEN UND TRINKEN
COMER Y BEBER

TIERISCHE PRODUKTE – PRODUCTOS CÁRNICOS Y PESCADOS

das Lammfleisch
la **carne de cordero**
[ˈkarne de korˈðero]

das Rindfleisch
la **carne de vacuno**
[ˈkarne de baˈkuno]

das Schweinefleisch
la **carne de cerdo**
[ˈkarne de ˈθerðo]

das Hähnchen
el **pollo**
[ˈpoʎo]

die Forelle
la **trucha**
[ˈtruʧa]

der Tunfisch
el **atún**
[aˈtun]

der Lachs
el **salmón**
[salˈmon]

das Fischsteak
el **filete de pescado**
[fiˈlete de pesˈkaðo]

die Garnele
la **gamba**
[ˈgamba]

der Hummer
el **bogavante**
[boɣaˈβaṇte]

der Krebs
el **cangrejo**
[kaŋˈgrexo]

die Miesmuschel
el **mejillón**
[mexiˈʎon]

TIERISCHE PRODUKTE – PRODUCTOS CÁRNICOS Y PESCADOS

das Hühnerei
el **huevo de gallina**
[ˈweβo de gaˈʎina]

das Eigelb
la **yema**
[ˈɟema]

das Eiweiß
la **clara**
[ˈklara]

die Butter
la **mantequilla**
[maṇteˈkiʎa]

die Sahne
la **nata**
[ˈnata]

die Milch
la **leche**
[ˈletʃe]

der Käse
el **queso**
[ˈkeso]

der Quark
el **queso quark**
[ˈkeso kwark]

der Joghurt
el **yogur**
[ˈɟoɣur]

GEMÜSE – VERDURA Y HORTALIZAS

die Zwiebel
la **cebolla**
[θeˈβoʎa]

das Radieschen
el **rábano (rojo)**
[ˈrraβano (ˈrroxo)]

die Frühlingszwiebel
la **cebolleta**
[θeβoˈʎeta]

der Lauch
el **puerro**
[ˈpwerro]

die Süßkartoffel
el **boniato**
[boˈnjato]

die Karotte
la **zanahoria**
[θanaˈorja]

der Knoblauch
el **ajo**
[ˈaxo]

die Kartoffel
la **patata**
[paˈtata]

die rote Zwiebel
la **cebolla morada**
[θeˈβoʎa moˈraða]

die Pastinake
la **chirivía**
[ʧiriˈβia]

die Schalotte
el **chalote**
[ʧaˈlote]

die Rote Bete
la **remolacha**
[rremoˈlaʧa]

die Rübe
el **nabo**
[ˈnaβo]

GEMÜSE – VERDURA Y HORTALIZAS

der Kopfsalat
la **lechuga (de cogollo)**
[le'ʧuɣa (de ko'ɣoʎo)]

der Eisbergsalat
la **lechuga iceberg**
[le'ʧuɣa iθe'βerɣ]

der/die Chicorée
la **endivia**
[en̩'diβja]

der Spinat
la **espinaca**
[espi'naka]

der Wirsing
la **col de Milán**
[kol de mi'lan]

der Brokkoli
el **brócoli**
['brokoli]

der Rotkohl
la **col lombarda**
[kol lom'barða]

der Weißkohl
la **col (repollo)**
[kol (rre'poʎo)]

der Rosenkohl
la **col de Bruselas**
[kol de bru'selas]

der Blumenkohl
la **coliflor**
[koli'flor]

GEMÜSE – VERDURA Y HORTALIZAS

der/die Paprika
el **pimiento**
[piˈmjen̩to]

die Zucchini
el **calabacín**
[kalaβaˈθin]

die Aubergine
la **berenjena**
[bereŋˈxena]

die Tomate
el **tomate**
[toˈmate]

die Okraschote
el **quingombó**
[kiŋgomˈbo]

die Chilischote
la **guindilla**
[gin̩ˈdiʎa]

der Mais
el **maíz**
[maˈiθ]

die grüne Bohne
la **judía verde**
[xuˈðia ˈberðe]

die Tellerlinse
la **lenteja pardina**
[len̩ˈtexa parˈðina]

schälen	**pelar** [peˈlar]
schneiden	**cortar** [korˈtar]
roh	**crudo (-a)** [ˈkruðo, -a]
gekocht	**cocinado (-a)** [koθiˈnaðo, -a]
gegart	**cocido (-a)** [koˈθiðo, -a]
das Püree	el **puré** [puˈre]
püriert	**triturado (-a)** [trituˈraðo, -a]
braten	**asar** [aˈsar]

OBST – FRUTA

die Erdbeere
la **fresa**
[ˈfresa]

die Brombeere
la **(zarza)mora**
[(θarθa)ˈmora]

die Himbeere
la **frambuesa**
[framˈbwesa]

die Heidelbeere
el **arándano**
[aˈran̪dano]

die Weintraube
la **uva**
[ˈuβa]

die Kirsche
la **cereza**
[θeˈreθa]

der Apfel
la **manzana**
[man̪ˈθana]

die Aprikose
el **albaricoque**
[alβariˈkoke]

der Pfirsich
el **melocotón**
[melokoˈton]

die Nektarine
la **nectarina**
[nektaˈrina]

die Pflaume
la **ciruela**
[θiˈrwela]

die Birne
la **pera**
[ˈpera]

OBST – FRUTA

die Grapefruit
el **pomelo**
[po'melo]

die Orange
la **naranja**
[na'raŋxa]

die Zitrone
el **limón**
[li'mon]

die Limette
la **lima**
['lima]

die Banane
el **plátano**
['platano]

geschält
pelado (-a)
[pe'laðo, -a]

die Clementine
la **clementina**
[klemen̩'tina]

der Schnitz
el **gajo**
['gaxo]

die Schale
la **cáscara**
['kaskara]

die Wassermelone
la **sandía**
[san̩'dia]

die Zuckermelone
el **melón (chino)**
[me'lon ('tʃino)]

die Honigmelone
el **melón (de miel)**
[me'lon (de mjel)]

der Essig
el **vinagre**
[biˈnaɣre]

das Olivenöl
el **aceite de oliva**
[aˈθei̯te de oˈliβa]

der Pfeffer
la **pimienta**
[piˈmjen̩ta]

das Salz
la **sal**
[sal]

die Pfeffermühle
el **molinillo de pimienta**
[moliˈniʎo de piˈmjen̩ta]

der/das Ketchup
el **kétchup**
[ˈkeðʧup]

der Senf
la **mostaza**
[mosˈtaθa]

die Mayonnaise
la **(salsa) mayonesa**
[(ˈsalsa) maɟoˈnesa]

die Sojasoße
la **(salsa de) soja**
[(ˈsalsa de) ˈsoxa]

BROT – PAN

das Weizenmehl
la **harina de trigo**
[aˈrina de ˈtriɣo]

das Croissant
el **cruasán**
[krwaˈsan]

das/die Baguette
la **barra de pan**
[ˈbarra de pan]

das Weißbrot
el **pan blanco**
[pan ˈblaŋko]

das Vollkornbrot
el **pan integral**
[pan iṇteˈɣral]

das Fladenbrot
el **pan árabe**
[pan ˈaraβe]

die Tortilla
la **tortilla (mexicana)**
[torˈtiʎa (mexiˈkana)]

das Brötchen
el **panecillo**
[paneˈθiʎo]

der Bagel
el **baguel**
[baˈɣel]

das belegte Brötchen
el **bocadillo**
[bokaˈðiʎo]

die Scheibe
la **rebanada**
[rreβaˈnaða]

das Sandwich
el **sándwich**
[ˈsaŋgwiʧ]

GETRÄNKE – BEBIDAS

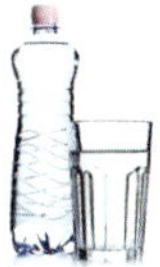

das Wasser
el **agua**
['aɣwa]

der Orangensaft
el **zumo de naranja**
['θumo de na'raŋxa]

die Cola
la **Coca-Cola®**
[koka-'kola]

das Bier
la **cerveza**
[θer'βeθa]

der Rotwein
el **vino tinto**
['bino 'tin̪to]

der Weißwein
el **vino blanco**
['bino 'blaŋko]

der Kräutertee
la **infusión de hierbas**
[iɱfu'sjon de 'ɟerβas]

der Kaffee
el **café**
[ka'fe]

der Kaffee zum Mitnehmen
el **café para llevar**
[ka'fe 'para ʎe'βar]

der Becher
el **vaso de café**
['baso de ka'fe]

der Deckel
la **tapa**
['tapa]

der Teebeutel
la **bolsita de té**
[bol'sita de te]

die Teeblätter
las **hojas de té**
['oxas de te]

DAS FASTFOOD – LA COMIDA RÁPIDA

die Chips
las **patatas fritas**
[paˈtatas ˈfritas]

der Schokoriegel
la **chocolatina**
[ʧokolaˈtina]

der Hamburger
la **hamburguesa**
[amburˈɣesa]

die Pommes frites
las **patatas fritas**
[paˈtatas ˈfritas]

die Pizza
la **pizza**
[ˈpitsa]

der Taco
el **taco**
[ˈtako]

die gebratenen Nudeln
los **tallarines fritos**
[taʎaˈrines ˈfritos]

das Sushi
el **sushi**
[ˈsuʃi]

das Nugget
el **nugget**
[ˈnuɣet]

Ich würde gerne etwas zum Mitnehmen bestellen.	**Me gustaría encargar algo para llevar.** [me gustaˈria eŋkarˈɣar ˈalɣo ˈpara ʎeˈβar]
klein/mittelgroß/groß	**pequeño/mediano/grande** [peˈkeɲo/meˈðjano/ˈgraṇde]
süß	**dulce** [ˈdul̦θe]
salzig	**salado (-a)** [saˈlaðo, -a]
der Lieferservice	**el servicio a domicilio** [serˈβiθjo a domiˈθiljo]
bestellen	**encargar** [eŋkarˈɣar]
liefern	**entregar** [eṇtreˈɣar]

GESCHIRR UND BESTECK – VAJILLA Y CUBIERTOS

die Suppe
la **sopa**
[ˈsopa]

der Eintopf
el **estofado**
[estoˈfaðo]

der Salat
la **ensalada**
ensaˈlaða]

das Stäbchen
el **palillo**
[paˈliʎo]

die Serviette
la **servilleta**
[serβiˈʎeta]

die Gabel
el **tenedor**
[teneˈðor]

die Tischdecke
el **mantel**
[man̪ˈtel]

der Essteller
el **plato llano**
[ˈplato ˈʎano]

das Wasserglas
la **copa de agua**
[ˈkopa de ˈaɣwa]

das Weinglas
la **copa de vino**
[ˈkopa de ˈbino]

der Dessertlöffel
la **cucharilla de postre**
[kutʃaˈriʎa de ˈpostre]

der Suppenlöffel
la **cuchara de sopa**
[kuˈtʃara]

das Messer
el **cuchillo**
[kuˈtʃiʎo]

DIE ERNÄHRUNG – LA ALIMENTACIÓN

das Fett
la **grasa**
['grasa]

der Zucker
el/la **azúcar**
[a'θukar]

vegetarisch
vegetariano (-a)
[bexeta'rjano, -a]

vegan
vegano (-a)
[be'ɣano, -a]

ohne Eier
sin huevos
[sin 'weβos]

zuckerfrei
sin azúcar
[sin a'θukar]

glutenfrei
sin gluten
[sin 'gluten]

laktosefrei
sin lactosa
[sin lak'tosa]

die Diät
la **dieta**
[di'eta]

die Lebensmittelintoleranz	la **intolerancia alimentaria** [in̪tole'ran̪θja alimen̪'tarja]
die Fruktose	la **fructosa** [fruk'tosa]
die Glukose	la **glucosa** [glu'kosa]
das Natrium	el **sodio** ['soðjo]
die Kalorien	las **calorías** [kalo'rias]
der Geschmacksverstärker	el **potenciador de sabor** [poten̪θja'ðor de sa'βor]
die gesunde Ernährung	la **alimentación sana** [alimen̪ta'θjon 'sana]
fasten	**ayunar** [aɟu'nar]

DER SUPERMARKT – EL SUPERMERCADO

der Kassierer
el **cajero**
[ka'xero]

die Kundin
la **clienta**
['kljeṇta]

die Ware
el **artículo**
[ar'tikulo]

das Warentransportband
la **cinta de la caja**
['θiṇta de la 'kaxa]

der Einkaufswagen
el **carrito de la compra**
[ka'rrito de la 'kompra]

das Warenregal
el **estante** [es'taṇte]

die Kasse
la **caja**
['kaxa]

der Scanner
el **escáner**
[es'kaner]

der Einkaufskorb
la **cesta de la compra**
['θesta de la 'kompra]

die Selbstbedienungskasse
la **caja de autocobro**
['kaxa de au̯to'koβro]

der Strichcode
el **código de barras**
['koðiɣo de 'barras]

das Sonderangebot
la **oferta especial**
[o'ferta espe'θjal]

DER SUPERMARKT – EL SUPERMERCADO

das Obst und Gemüse
la **fruta y verdura**
['fruta i ber'ðura]

das Kühlregal
la **nevera (frigorífica)**
[ne'βera (friɣo'rifika)]

die Milchprodukte
los **productos lácteos**
[pro'ðuktos 'lakteos]

die Tiefkühlkost
los **congelados**
[koŋxe'laðos]

die Backwaren
los **productos de panadería y bollería** [pro'ðuktos de panaðe'ria i boʎe'ria]

das Fleisch und Geflügel
las **carnes y aves**
['karnes i 'aβes]

die Konserven
las **conservas**
[kon'serβas]

die Feinkost
las **delicatessen**
[delika'tesen]

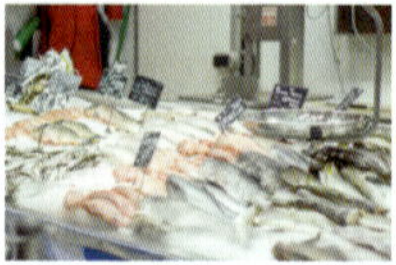

die Fischtheke
el **mostrador de pescados**
[mostra'ðor de pes'kaðos]

die Frühstücksflocken
los **cereales para desayunar**
[θere'ales 'para desaɟu'nar]

die Babyartikel
los **productos para el bebé**
[pro'ðuktos 'para el be'βe]

der Kassenzettel
el **tique de compra**
['tike de 'kompra]

GESUNDHEIT UND KÖRPERPFLEGE
SALUD E HIGIENE PERSONAL

DER KÖRPER – EL CUERPO

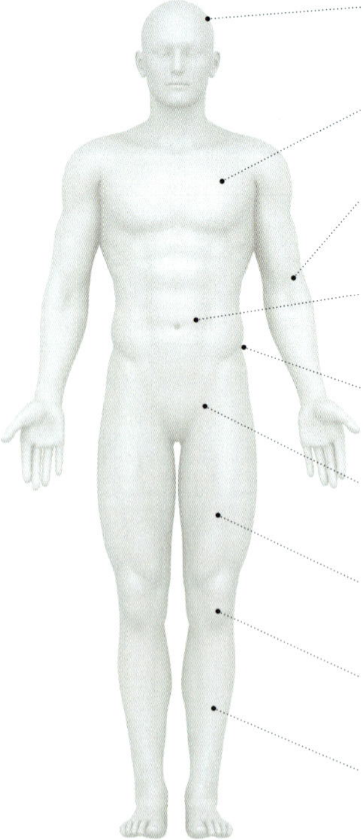

der Kopf
la **cabeza**
[kaˈβeθa]

der Brustkorb
el **tórax**
[ˈtoraɣs]

der Arm
el **brazo**
[ˈbraθo]

der Bauch
el **vientre**
[ˈbjeṇtre]

die Hüfte
la **cadera**
[kaˈðera]

die Leiste
la **ingle**
[ˈiŋgle]

der Oberschenkel
el **muslo**
[ˈmuslo]

das Knie
la **rodilla**
[rroˈðiʎa]

das Schienbein
la **espinilla**
[espiˈniʎa]

der Hals
el **cuello**
[ˈkweʎo]

die Schulter
el **hombro**
[ˈombro]

die Brust
el **pecho**
[ˈpeʧo]

die Schamgegend
la **zona púbica**
[ˈθona ˈpuβika]

das Bein
la **pierna**
[ˈpjerna]

der Fuß
el **pie**
[pje]

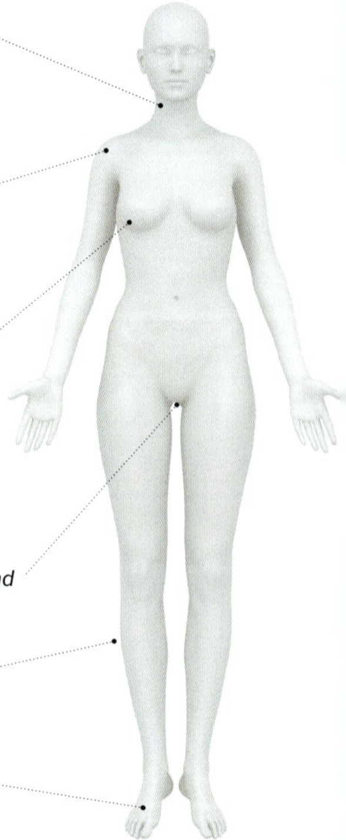

DER KÖRPER – EL CUERPO

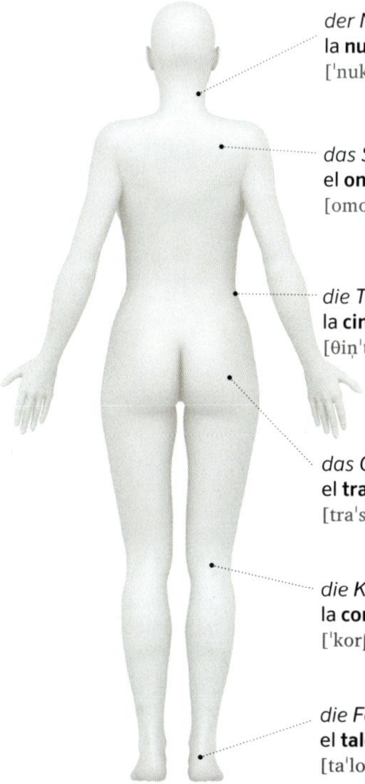

der Nacken
la **nuca**
[ˈnuka]

das Schulterblatt
el **omoplato**
[omoˈplato]

die Taille
la **cintura**
[θin̪ˈtura]

das Gesäß
el **trasero**
[traˈsero]

die Kniekehle
la **corva**
[ˈkorβa]

die Ferse
el **talón**
[taˈlon]

der Ellbogen
el **codo**
[ˈkoðo]

der Rücken
la **espalda**
[esˈpal̪da]

das Handgelenk
la **muñeca**
[muˈɲeka]

die Hand
la **mano**
[ˈmano]

die Wade
la **pantorrilla**
[pan̪toˈrriʎa]

der Knöchel
el **tobillo**
[toˈβiʎo]

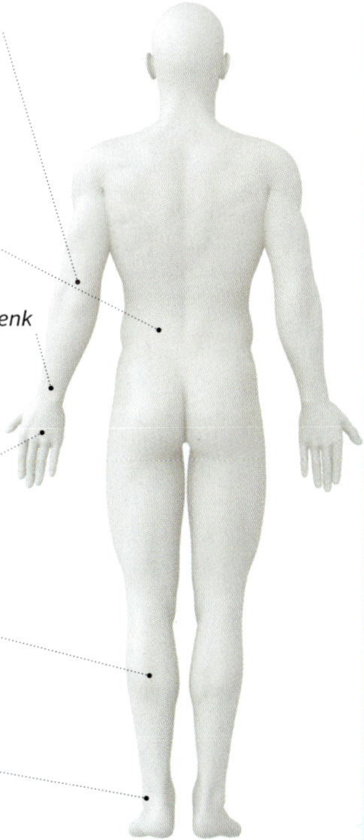

DIE HAND UND DER FUSS – LA MANO Y EL PIE

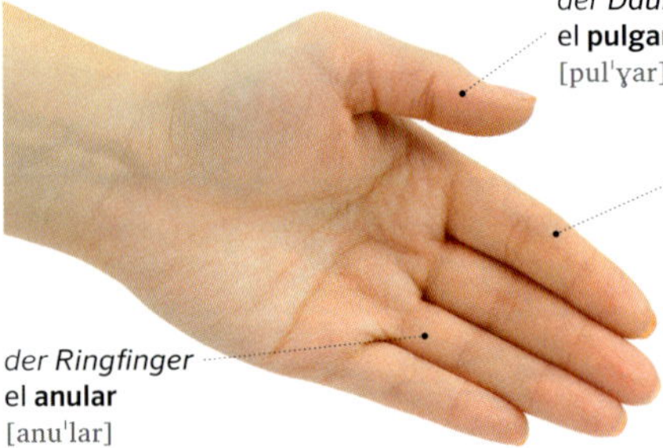

der Daumen
el **pulgar**
[pulˈɣar]

der Zeigefinger
el **índice**
[ˈiṇdiθe]

der Ringfinger
el **anular**
[anuˈlar]

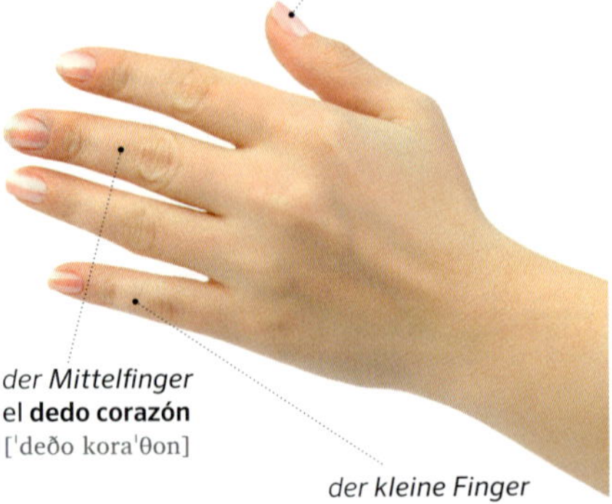

der Fingernagel
la **uña**
[ˈuɲa]

der Mittelfinger
el **dedo corazón**
[ˈdeðo koraˈθon]

der kleine Finger
el **meñique**
[meˈɲike]

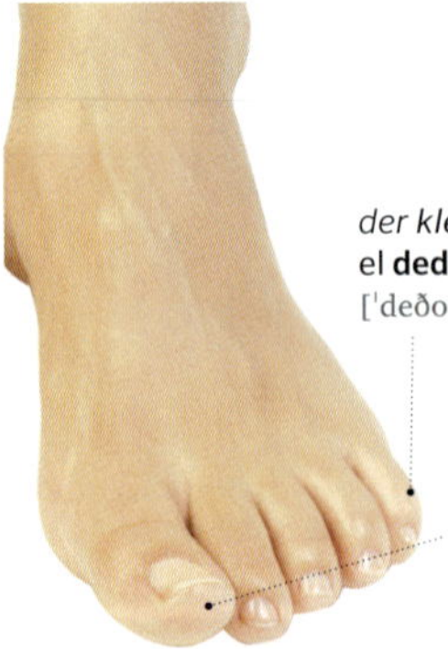

der kleine Zeh
el **dedo pequeño**
[ˈdeðo peˈkeɲo]

der große Zeh
el **dedo gordo**
[ˈdeðo ˈgorðo]

DAS GESICHT – LA CARA

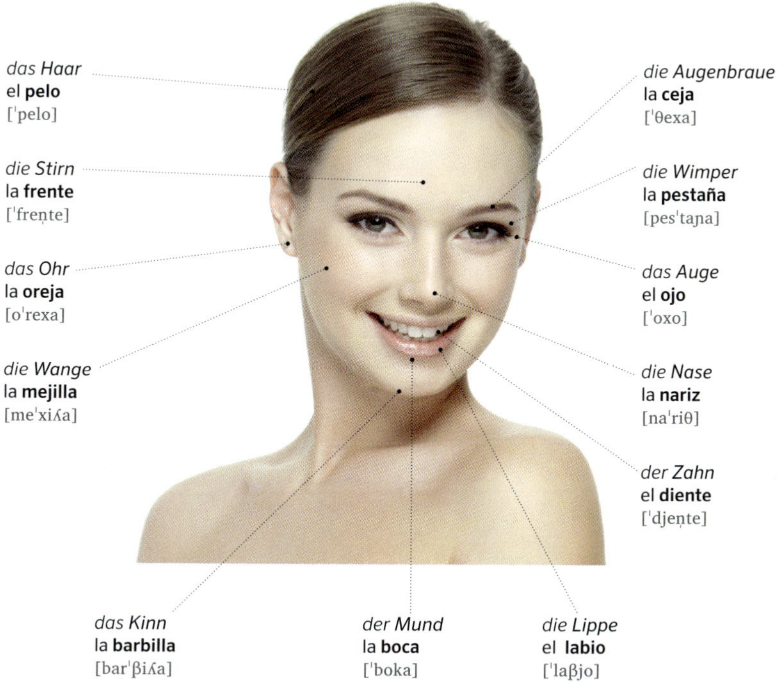

DIE INNEREN ORGANE – LOS ÓRGANOS INTERNOS

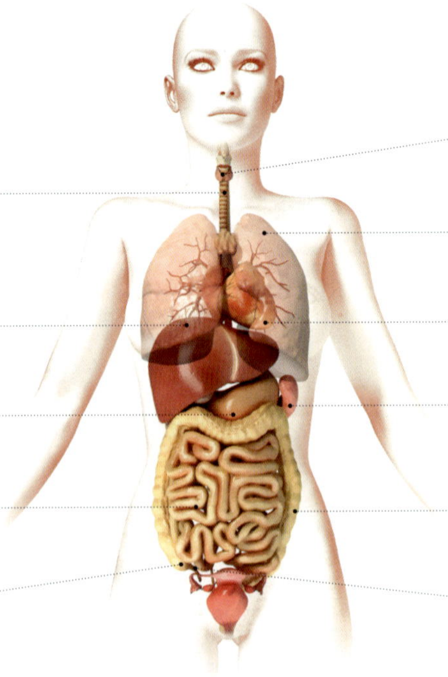

die Luftröhre
la **tráquea**
[ˈtrakea]

die Leber
el **hígado**
[ˈiɣaðo]

der Magen
el **estómago**
[esˈtomaɣo]

der Dünndarm
el **intestino delgado**
[iṇtesˈtino delˈɣaðo]

der Blinddarm
el **intestino ciego**
[iṇtesˈtino ˈθjeɣo]

die Schilddrüse
la **(glándula) tiroides**
[(ˈglaṇdula) tiˈroi̯ðes]

die Lunge
el **pulmón**
[pulˈmon]

das Herz
el **corazón**
[koraˈθon]

die Milz
el **bazo**
[ˈbaθo]

der Dickdarm
el **intestino grueso**
[iṇtesˈtino ˈgrweso]

der Wurmfortsatz
el **apéndice**
[aˈpeṇdiθe]

SCHWANGERSCHAFT UND GEBURT – EMBARAZO Y NACIMIENTO

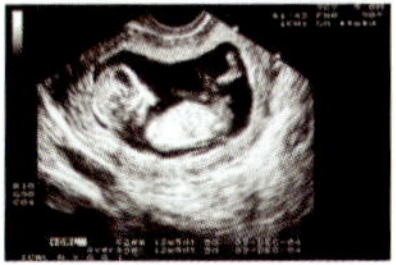

die Ultraschallaufnahme
la **ecografía**
[ekoɣra'fia]

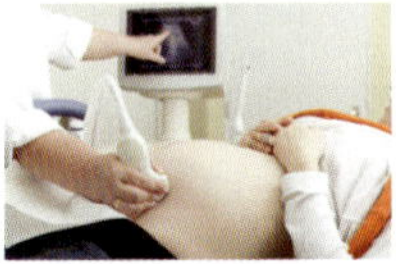

die Ultraschall-untersuchung
la **ecografía** [ekoɣra'fia]

die Hebamme
la **comadrona**
[koma'ðrona]

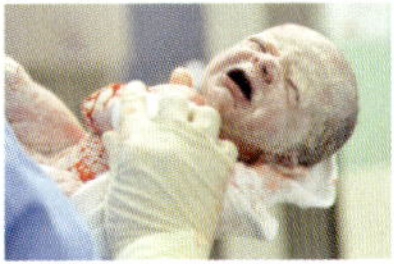

die Geburt
el **nacimiento**
[naθi'mjeṇto]

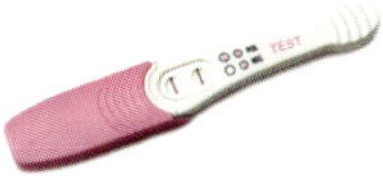

der Schwangerschaftstest
la **prueba de embarazo**
['prweβa de emba'raθo]

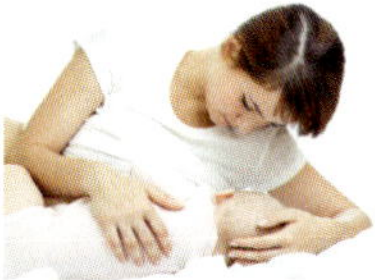

stillen
dar el pecho
[dar el 'petʃo]

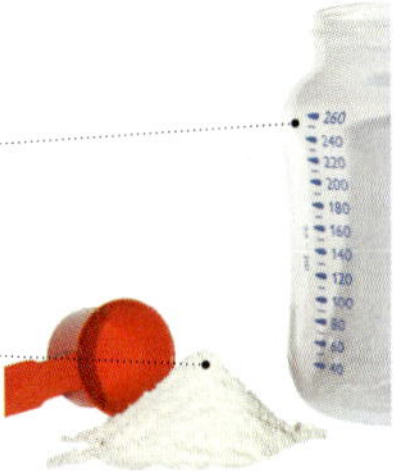

das Fläschchen
el **biberón**
[biβe'ron]

das Milchpulver
la **leche en polvo**
['letʃe en 'polβo]

schwanger	**embarazada** [embara'θaða]
die Wehen	las **contracciones** [koṇtraɣ'θjones]
die Geburt einleiten	**provocar el parto** [proβo'kar el 'parto]
pressen	**empujar** [empu'xar]
die Nabelschnur	el **cordón umbilical** [kor'ðon umbili'kal]
die Plazenta	la **placenta** [pla'θeṇta]
das Fruchtwasser	el **líquido amniótico** ['likiðo am'njotiko]
die Fruchtblase	la **bolsa amniótica** ['bolsa am'njotika]

DER ARZTBESUCH – IR AL MÉDICO

das Rezept
la **receta**
[rre'θeta]

das Wartezimmer
la **sala de espera**
['sala de es'pera]

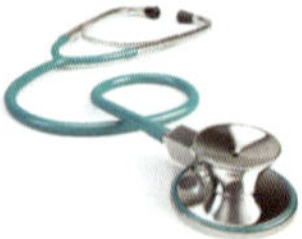

das Stethoskop
el **estetoscopio**
[estetos'kopjo]

den Blutdruck messen
medir la tensión arterial
[me'ðir la ten'sjon arte'rjal]

die Ärztin
la **médica**
['meðika]

die Patientin
la **paciente**
[pa'θjen̪te]

die Sprechstunde	la **consulta** [kon'sul̪ta]
jemandem Blut abnehmen	**extraerle sangre a alguien** [estra'erle 'saŋgre a 'alɣjen]
der Termin	la **cita** ['θita]
die Behandlung	el **tratamiento** [trata'mjen̪to]
die Diagnose	el **diagnóstico** [djaɣ'nostiko]
die Überweisung	la **derivación (médica)** [deriβa'θjon ('meðika)]
die Ergebnisse	los **resultados** [rresul̪'taðos]
die Krankenkasse	la **caja de seguro médico** ['kaxa de se'ɣuro 'meðiko]

SYMPTOME UND KRANKHEITEN – SÍNTOMAS Y ENFERMEDADES

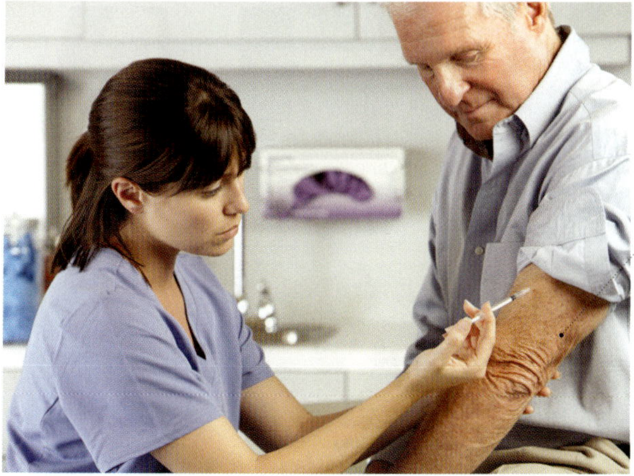

jemandem eine Spritze geben
poner una inyección
[po'ner 'una inɟeɣ'θjon]

eine Spritze bekommen
recibir una inyección
[rreθi'βir 'una inɟeɣ'θjon]

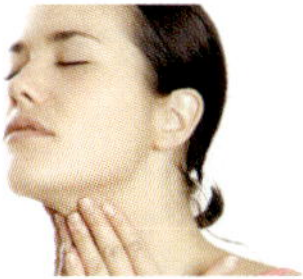

die Halsschmerzen
el **dolor de garganta**
[do'lor de gar'ɣanta]

das Virus	el **virus** ['birus]
der Infekt	la **infección** [iɱfeɣ'θjon]
die Allergie	la **alergia** [a'lerxia]
der Hautausschlag	la **erupción cutánea** [eruβ'θjon ku'tanea]
der Durchfall	la **diarrea** [dja'rrea]
der Schwindel	el **mareo** [ma'reo]
die Übelkeit	las **náuseas** ['nau̯seas]
die Bronchitis	la **bronquitis** [broŋ'kitis]

die Kopfschmerzen
el **dolor de cabeza**
[do'lor de ka'βeθa]

die Magenschmerzen
el **dolor de estómago**
[do'lor de es'tomaɣo]

SYMPTOME UND KRANKHEITEN – SÍNTOMAS Y ENFERMEDADES

krank
enfermo, -a
[eɱˈfermo, -a]

gesund
sano, -a
[ˈsano, -a]

der Schnupfen
el **constipado**
[konstiˈpaðo]

der Husten
la **tos**
[tos]

die Erkältung
el **resfriado**
[rresfriˈaðo]

die Grippe
la **gripe**
[ˈgripe]

das Niesen
el **estornudo**
[estorˈnuðo]

das Fieber
la **fiebre**
[ˈfjeβre]

der Heuschnupfen
la **fiebre del heno**
[ˈfjeβre del ˈeno]

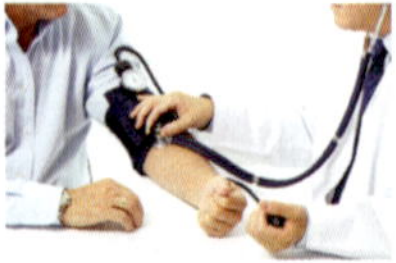

der hohe/niedrige Blutdruck
la **tensión arterial alta/baja**
[tenˈsjon arteˈrjal ˈal̪ta/ˈbaxa]

das Asthma
el **asma**
[ˈasma]

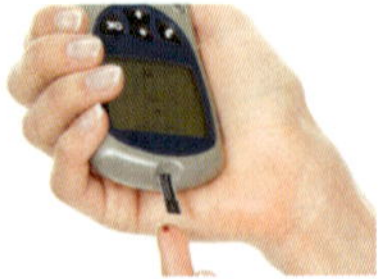

der Diabetes
la **diabetes**
[djaˈβetes]

BEHINDERUNGEN – DISCAPACIDADES

der Rollstuhl
la **silla de ruedas**
['siʎa de 'rrweðas]

der Schiebegriff
el **agarrador**
[aɣarra'ðor]

die Armlehne
el **reposabrazos**
[rreposa'βraθos]

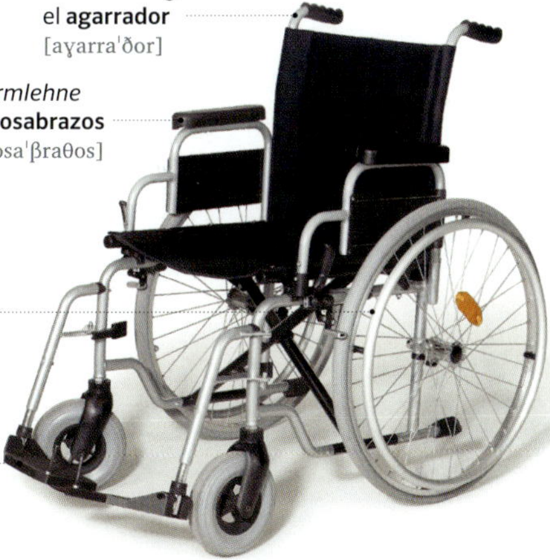

der Greifreifen
la **rueda de empuje**
['rrweða de em'puxe]

die Fußstütze
el **reposapiés**
[rreposa'pjes]

der Rollator
el **andador**
[an̪da'ðor]

die Krücke
la **muleta**
[mu'leta]

der Blindenstock
el **tiento**
['tjen̪to]

der Blindenhund
el **(perro) lazarillo**
[('perro) laθa'riʎo]

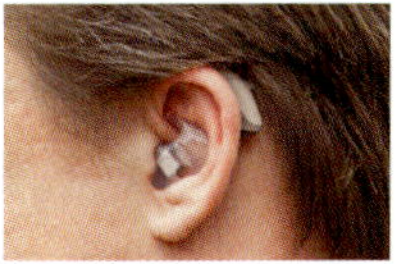

das Hörgerät
el **audífono**
[au̯'ðifono]

die Gebärdensprache
el **lenguaje de señas**
[leŋ'gwaxe de 'seɲas]

VERLETZUNGEN – LESIONES

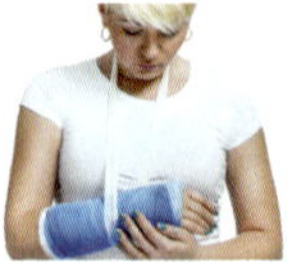

der Knochenbruch
la **fractura**
[frak'tura]

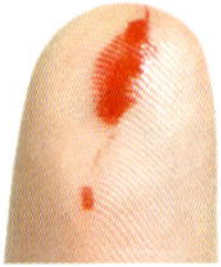

die Schnittwunde
el **corte**
['korte]

der Insektenstich
la **picadura de insecto**
[pika'ðura de in'sekto]

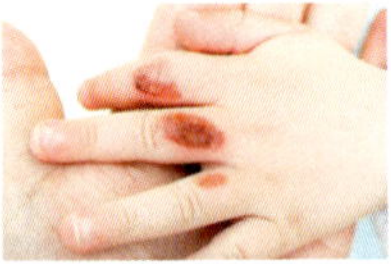

die Verbrennung
la **quemadura**
[kema'ðura]

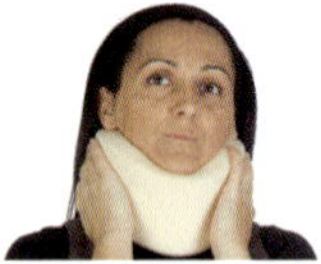

das Schleudertrauma
el **traumatismo cervical**
[trau̯ma'tismo θerβi'kal]

der Bandscheibenvorfall
la **hernia discal**
['ernja dis'kal]

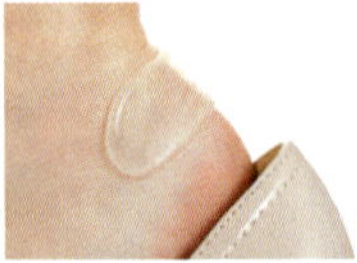

die Blase
la **ampolla**
[am'poʎa]

in Ohnmacht fallen
desmayarse
[desma'ɟarse]

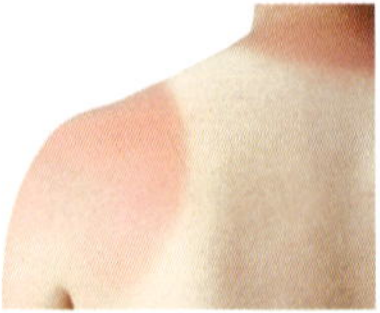

der Sonnenbrand
la **quemadura de sol**
[kema'ðura de sol]

die Wunde	la **herida** [e'riða]
das Blut	la **sangre** ['saŋgre]
bluten	**sangrar** [saŋ'grar]
die Blutung	la **hemorragia** [emo'rraxia]
die Gehirnerschütterung	la **conmoción cerebral** [konmo'θjon θere'βral]
sich den Arm/ einen Wirbel ausrenken	**dislocarse un brazo/una vértebra** [dislo'karse un 'braθo/'una 'berteβra]
sich den Fuß verstauchen/brechen	**torcerse/quebrarse un pie** [tor'θerse/ke'βrarse un pje]

VERLETZUNGEN – LESIONES

das Verbandszeug
los **vendajes y apósitos**
[ben̪ˈdaxes i aˈpositos]

der Verband
la **venda**
[ˈben̪da]

das Leukoplast®
el **esparadrapo**
[esparaˈðrapo]

das Pflaster
el **apósito adhesivo**
[aˈposito aðeˈsiβo]

die Verbandschere
la(s) **tijera(s)**
[tiˈxera(s)]

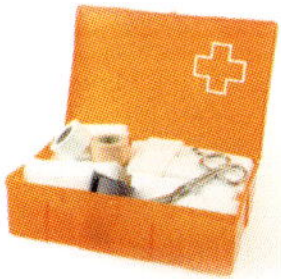

der Erste-Hilfe-Kasten
el **botiquín de primeros auxilios** [botiˈkin de priˈmeros au̯ɣˈsiljos]

das Desinfektionsmittel
el **desinfectante**
[desiɱfekˈtan̪te]

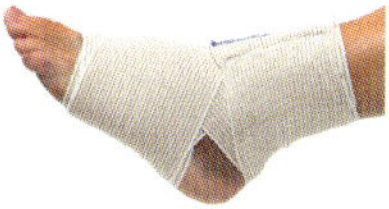

die Bandage
el **vendaje**
[ben̪ˈdaxe]

die Mullbinde
la **gasa**
[ˈgasa]

DIE APOTHEKE – LA FARMACIA

das Medikament
el **medicamento**
[meðika'meṇto]

die Kapsel
la **cápsula**
['kaβsula]

der Hustensaft
el **jarabe para la tos**
[xa'raβe 'para la tos]

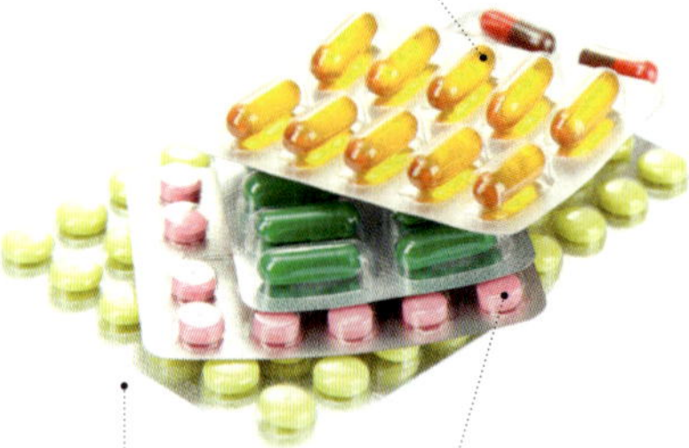

die Sichtverpackung
el **blíster**
['blister]

die Tablette
la **pastilla**
[pas'tiʎa]

die Dosierung
la **dosis**
['dosis]

der Messbecher
el **vaso medidor**
['baso meði'ðor]

die Salbe
la **pomada**
[po'maða]

die Spritze
la **jeringa**
[xe'riŋga]

die Tropfen
las **gotas**
['gotas]

die Brausetablette
la **pastilla efervescente**
[pas'tiʎa eferβes'θeṇte]

DIE APOTHEKE – LA FARMACIA

das Sonnenschutzmittel
la **protección solar**
[proteɣ'θjon so'lar]

das Feuchttuch
la **toallita húmeda**
[toa'ʎita 'umeða]

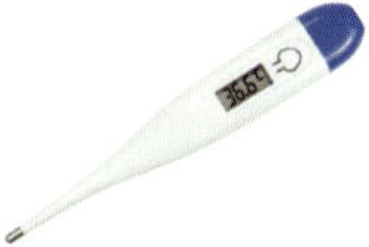

das/der Fieber-thermometer
el **termómetro**
[ter'mometro]

das/der Hustenbonbon
la **pastilla para la tos**
[pas'tiʎa 'para la tos]

die Slipeinlage
el **protegeslip**
[protexes'lip]

der Tampon
el **tampón**
[tam'pon]

der Ohrstöpsel
el **tapón para los oídos**
[ta'pon 'para los o'iðos]

das Deodorant
el **desodorante**
[desoðo'rante]

das Symptom	el **síntoma** ['sintoma]
die Nebenwirkung	el **efecto secundario** [e'fekto sekun'darjo]
der Beipackzettel	el **prospecto** [pros'pekto]
die Hautpflege	el **cuidado de la piel** [kwi'ðaðo de la pjel]
das Schmerzmittel	el **analgésico** [anal'xesiko]
das Beruhigungsmittel	el **tranquilizante** [traŋkili'θante]
die Schlaftablette	el **somnífero** [som'nifero]
das Verfallsdatum	la **fecha de caducidad** ['fetʃa de kaðuθi'ðað]

die Nagelfeile
la **lima de uñas**
['lima de 'uɲas]

DIE KÖRPERPFLEGE – LA HIGIENE PERSONAL

die Zahnpasta
la **pasta de dientes**
[ˈpasta de ˈdjeṇtes]

das Parfüm
el **perfume**
[perˈfume]

die Gesichtscreme
la **crema facial**
[ˈkrema faˈθjal]

der Kamm
el **peine**
[ˈpei̯ne]

das Duschgel
el **gel de ducha**
[xel de ˈduʧa]

das Shampoo
el **champú**
[ʧamˈpu]

die Spülung
la **crema (acondicionadora)**
[ˈkrema akoṇdiθjonaˈðora]

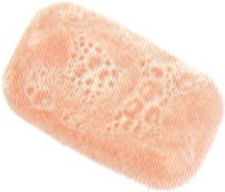

die Seife
el **jabón**
[xaˈβon]

die Haarbürste
el **cepillo para el pelo**
[θeˈpiʎo ˈpara el ˈpelo]

der Kulturbeutel
el **neceser**
[neθeˈser]

die Pinzette
las **pinzas**
[ˈpiṇθas]

die Nagelschere
la **tijera para uñas**
[tiˈxera ˈpara ˈuɲas]

ARBEIT UND KOMMUNIKATION
TRABAJO Y COMUNICACIÓN

DIE ARBEITSWELT – EL MUNDO LABORAL

das Bewerbungsgespräch
la **entrevista personal**
[en̪tre'βista perso'nal]

die Bewerberin
la **solicitante**
[soliθi'tan̪te]

die Personalreferentin
la **responsable de recursos humanos**
[rrespon'saβle de rre'kursos u'manos]

der Lebenslauf
el **currículo**
[ku'rrikulo]

die Bewerbungsunterlagen
los **documentos para la solicitud de empleo**
[doku'men̪tos 'para la soliθi'tuð de em'pleo]

die Stellenanzeige
la **oferta de empleo**
[o'ferta de em'pleo]

sich um eine Stelle bewerben	**solicitar un puesto de trabajo** [soliθi'tar un 'pwesto de tra'βaxo]
die Arbeitsbedingungen	las **condiciones laborales** [kon̪di'θjones laβo'rales]
die Schichtarbeit	el **trabajo por turnos** [tra'βaxo por 'turnos]
die Teilzeit	**a tiempo parcial** [a 'tjempo par'θjal]
die Vollzeit	**a tiempo completo** [a 'tjempo kom'pleto]
die Qualifikation	la **cualificación** [kwalifika'θjon]
die Berufserfahrung	la **experiencia laboral** [espe'rjen̪θja laβo'ral]

DIE ARBEITSWELT – EL MUNDO LABORAL

der Kugelschreiber
el **bolígrafo**
[boˈliɣrafo]

die Schere
las **tijeras**
[tiˈxeras]

der Textmarker
el **marcador**
[markaˈðor]

der Stiftehalter
el **portalápices**
[portaˈlapiθes]

das Notizbuch
el **bloc de notas**
[blok de ˈnotas]

die Haftnotiz
la **nota adhesiva**
[ˈnota aðeˈsiβa]

der Bleistiftspitzer
el **sacapuntas**
[sakaˈpun̪tas]

der Radiergummi
la **goma de borrar**
[ˈgoma de boˈrrar]

der Bleistift
el **lápiz**
[ˈlapiθ]

die Reißzwecke
la **chincheta**
[ʧinˈʧeta]

die Büroklammer
el **clip**
[klip]

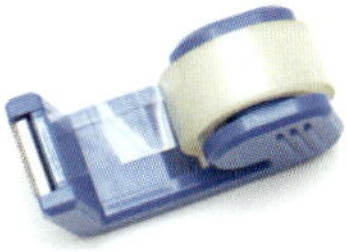

der Tesafilm®
el **celo**
[ˈθelo]

der Tacker
la **grapadora**
[grapaˈðora]

der Locher
la **perforadora**
[perforaˈðora]

der Ordner
el **archivador**
[arʧiβaˈðor]

DIE ARBEITSWELT – EL MUNDO LABORAL

die Sitzung
la **reunión**
[rreuˈnjon]

der Teamleiter
el **jefe de equipo**
[ˈxefe de eˈkipo]

der Teilnehmer
el **asistente**
[asisˈteṇte]

die Tagesordnung
el **orden del día**
[ˈorðen del ˈdia]

protokollieren
redactar el acta
[rreðkˈtar el ˈakta]

der Besprechungstisch
la **mesa de la sala de reuniones**
[ˈmesa de la ˈsala de rreuˈnjones]

die Präsentation
la **presentación**
[preseṇtaˈθjon]

der Beamer
el **proyector**
[proɟekˈtor]

die Folie
la **lámina**
[ˈlamina]

das Tortendiagramm
el **diagrama de pastel**
[djaˈɣrama de pasˈtel]

DIE ARBEITSWELT – EL MUNDO LABORAL

der Arbeitgeber
el **empresario**
[empreˈsarjo]

① *die Assistentin*
la **asistente**
[asisˈteṇte]

② *der Kollege*
el **colega**
[koˈleɣa]

③ *der Arbeitnehmer*
el **empleado**
[empleˈaðo]

④ *die Kollegin*
la **colega**
[koˈleɣa]

⑤ *die Managerin*
la **directora (gerente)**
[direkˈtora (xeˈreṇte)]

⑥ *der Chef*
el **jefe**
[ˈxefe]

die Vertretung	la **suplencia** [suˈpleṇθja]
der Jahresurlaub	las **vacaciones anuales** [bakaˈθjones anuˈales]
das Gehalt	el **sueldo** [ˈsweḷdo]
die Beförderung	el **ascenso** [asˈθenso]
jemandem kündigen	**despedir a alguien** [despeˈðir a ˈalɣjen]
seine Stelle kündigen	**presentar la dimisión** [preseṇˈtar la dimiˈsjon]
verdienen	**ganar** [gaˈnar]
in Rente gehen	**jubilarse** [xuβiˈlarse]

entlassen werden
ser despedido (-a)
[ser despeˈdiðo (-a)]

DER COMPUTER – EL ORDENADOR

der Desktop-Computer
el **ordenador personal**
[orðena'ðor perso'nal]

der Ein/Aus-Schalter
el **botón de encendido/apagado**
[bo'ton de eṇθeṇ'diðo/apa'ɣaðo

die USB-Schnittstelle
el **puerto USB**
['pwerto u 'ese 'be]

das CD/DVD-Laufwerk
la **unidad de CD/DVD**
[uni'ðað de θe'ðe/deuβe'ðe]

die Tastatur
el **teclado**
[te'klaðo]

der Bildschirm
la **pantalla**
[paṇ'taʎa]

die Maus
el **ratón**
[rra'ton]

das Scrollrad
la **rueda (de desplazamiento)**
['rrweða (de desplaθa'mjeṇto)]

der/das Laptop
el **(ordenador) portátil**
[(orðena'ðor) por'tatil]

das Stromkabel
el **cable de alimentación**
['kaβle de alimeṇta'θjon]

die Webcam
la **cámara web**
['kamara ueb]

der Lautsprecher
el **altavoz**
[al̪ta'βoθ]

die CD-ROM
el **CD-ROM**
[θeðe'rrom]

der USB-Stick
la **memoria USB**
[me'morja u 'ese 'be]

der Scanner
el **escáner**
[es'kaner]

der Tintenstrahldrucker
la **impresora de chorro de tinta**
[impre'sora de 'ʧorro de 'tiṇta]

der Laserdrucker
la **impresora láser**
[impre'sora 'laser]

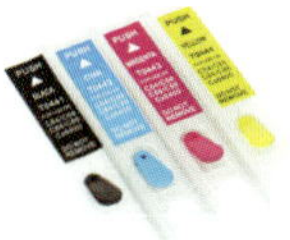

die Tintenpatrone
el **cartucho de tinta**
[kar'tuʧo de 'tiṇta]

die Tonerkartusche
el **cartucho de tóner**
[kar'tuʧo de 'toner]

das Mauspad
la **alfombrilla**
[alfom'briʎa]

eingeben	**introducir** [iṇtroðu'θir]
eine Datei verschieben	**mover un archivo** [mo'βer un ar'ʧiβo]
eine Sicherungskopie erstellen	**hacer una copia de seguridad** [a'θer 'una 'kopja de seɣuri'ðað]
markieren	**seleccionar** [seleɣθjo'nar]
sich einloggen	**conectarse** [konek'tarse]
sich ausloggen	**desconectarse** [deskonek'tarse]
der Neustart	el **reinicio** [rrei'niθjo]
(die) Bytes	los **bytes** [baịts]

tippen
escribir con el teclado
[eskri'βir kon el te'klaðo]

DER COMPUTER – EL ORDENADOR

klicken
hacer clic
[aˈθer klik]

scrollen
desplazar
[desplaˈθar]

ausschneiden
cortar
[korˈtar]

kopieren
copiar
[koˈpjar]

einfügen
pegar
[peˈɣar]

eine Datei ausdrucken
imprimir un archivo
[impriˈmir un arˈʧiβo]

speichern
guardar
[gwarˈðar]

eine Datei öffnen
abrir un archivo
[aˈβrir un arˈʧiβo]

löschen
eliminar
[elimiˈnar]

der Ordner
la **carpeta**
[karˈpeta]

der Papierkorb
la **papelera**
[papeˈlera]

suchen
buscar
[busˈkar]

rückgängig machen
deshacer
[desa'θer]

wiederherstellen
restaurar
[rrestau̯'rar]

die Einstellungen
los **ajustes**
[a'xustes]

die Schriftart
el **tipo de letra**
['tipo de 'letra]

den Rechner hochfahren
encender el equipo
[en̪θen̪'der el e'kipo]

den Rechner herunterfahren
apagar el equipo
[apa'ɣar el e'kipo]

der Mauszeiger
el **cursor**
[kur'sor]

die Sanduhr
el **reloj (de arena)**
[rre'lox (de a'rena)]

die Datei	el **fichero** [fi'tʃero]
das Programm	el **programa (informático)** [pro'ɣrama (im̪for'matiko)]
der Scrollbalken	la **barra de desplazamiento** ['barra de desplaθa'mjen̪to]
ein Programm installieren	**instalar un programa** [insta'lar un pro'ɣrama]
ein Programm deinstallieren	**desinstalar un programa** [desinsta'lar un pro'ɣrama]
das Betriebssystem	el **sistema operativo** [sis'tema opera'tiβo]
die Taskleiste	la **barra de tareas** ['barra de ta'reas]
der Fortschrittsbalken	la **barra de progreso** ['barra de pro'ɣreso]

die Fehlermeldung
el **mensaje de error**
[men'saxe de e'rror]

DAS INTERNET - INTERNET

das WLAN
el/la **wifi**
[ˈwifi]

der Browser
el **navegador**
[naβeɣaˈðor]

der Download
la **descarga**
[desˈkarɣa]

die Nachricht
el **mensaje**
[menˈsaxe]

die Social Media
los **medios (de comunicación) sociales** [ˈmeðjos (de komunikaˈθjon) soˈθjales]

die Verschlüsselung
la **codificación**
[koðifikaˈθjon]

die E-Mail-Adresse
la **dirección electrónica**
[direɣˈθjon elekˈtronika]

der Anhang
el **(archivo) adjunto**
[(arˈtʃiβo) aðˈxuṇto]

eine Mail weiterleiten
reenviar un e-mail
[rre(e)mˈbjar un iˈmei̯l]

senden	**enviar** [emˈbjar]
empfangen	**recibir** [rreθiˈβir]
das Benutzerkonto	la **cuenta de usuario** [ˈkweṇta de usuˈarjo]
der Posteingang	la **entrada de correos** [eṇˈtraða de koˈrreos]
der Postausgang	la **salida de correos** [saˈliða de koˈrreos]
die Abwesenheitsnotiz	el **mensaje de ausencia** [menˈsaxe de au̯ˈseṇθja]
die Spammail	el **correo spam** [koˈrreo esˈpam]
im Internet surfen	**navegar en internet** [naβeˈɣar en iṇterˈnet]

MOBILE ENDGERÄTE – DISPOSITIVOS ELECTRÓNICOS MÓVILES

der Router
el **router**
['rruter]

der Tablet-Computer
la **tableta**
[ta'βleta]

die SIM-Karte
la **tarjeta SIM**
[tar'xeta sim]

die App
la **aplicación**
[aplika'θjon]

das Handy
el **móvil**
['moβil]

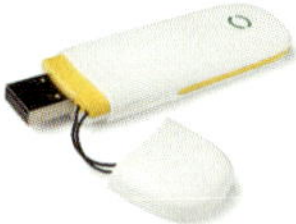

der Surfstick
el **módem USB**
['moðen u 'ese 'be]

die SMS
el **(mensaje) SMS**
[(men'saxe) 'ese 'eme 'ese]

das Smartphone
el **teléfono inteligente**
[te'lefono inteli'xente]

der Touchscreen
la **pantalla táctil**
[pan'taʎa 'taktil]

der Datenspeicher	la **memoria** [me'morja]
die Software	el **software** ['softwer]
das Funkloch	la **zona sin cobertura** ['θona sin koβer'tura]
die Flatrate	la **tarifa plana** [ta'rifa 'plana]
die Prepaidkarte	la **tarjeta prepago** [tar'xeta pre'payo]
das Guthaben	el **crédito** ['kreðito]
der Klingelton	el **tono** ['tono]
der Akku	la **batería** [bate'ria]

DAS TELEFON – EL TELÉFONO

das Display
la **pantalla**
[pan̪ˈtaʎa]

der Anrufbeantworter
el **contestador automático**
[kon̪testaˈðor au̯toˈmatiko]

das Tastenfeld
el **teclado**
[teˈklaðo]

der Telefonhörer
el **auricular**
[au̯rikuˈlar]

das Kabel
el **cable**
[ˈkaβle]

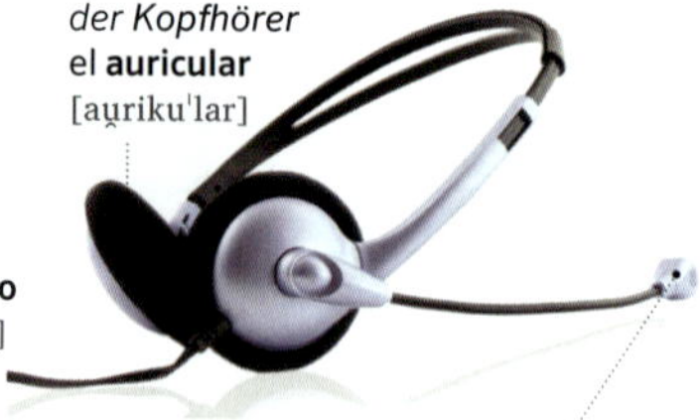

der Kopfhörer
el **auricular**
[au̯rikuˈlar]

das Mikrofon
el **micrófono**
[miˈkrofono]

das Faxgerät
el **fax**
[faɣs]

jemanden anrufen	**llamar a alguien (por teléfono)** [ʎaˈmar a ˈalɣjen (por teˈlefono)]
wählen	**marcar (el número)** [marˈkar (el ˈnumero)]
klingeln	**sonar** [soˈnar]
Ich möchte bitte ... sprechen.	**Querría hablar con...** [keˈrria aˈβlar kon]
Entschuldigung, ich habe mich verwählt.	**Lo siento, me he equivocado de número.** [lo ˈsjen̪to me e ekiβoˈkaðo de ˈnumero]
Ich stelle Sie durch.	**Ahora le paso.** [aˈora le ˈpaso]
Bitte hinterlassen Sie eine Nachricht nach dem Signalton.	**Deje un mensaje después de oír la señal.** [ˈdexe un menˈsaxe desˈpwes de oˈir la seˈɲal]
Können Sie mich bitte zurückrufen?	**¿Podría llamarme más tarde?** [poˈðria ʎaˈmarme mas ˈtarðe]

DIE POST – EL CORREO

der Briefumschlag
el **sobre**
['soβre]

die Briefmarke
el **sello**
['seʎo]

der Empfänger
el **destinatario**
[destina'tarjo]

die Adresse
la **dirección**
[direɣ'θjon]

die Postleitzahl
el **código postal**
['koðiɣo pos'tal]

das Postfach
el **apartado de correos**
[apar'taðo de ko'rreos]

der Absender
el **remitente**
[rremi'ten̪te]

der Brief	la **carta** ['karta]
der Eilbrief	el **correo urgente** [ko'rreo ur'xen̪te]
portofrei	**sin gastos de envío** [sin 'gastos de em'bio]
einen Brief erhalten	**recibir una carta** [rreθi'βir 'una 'karta]
einen Brief beantworten	**contestar una carta** [kon̪tes'tar 'una 'karta]
jemandem einen Brief schicken	**enviarle a alguien una carta** [embi'arle a 'alɣjen 'una 'karta]
das Einschreiben	el **correo certificado** [ko'rreo θertifi'kaðo]

der Briefkasten
el **buzón**
[bu'θon]

DIE POST – EL CORREO

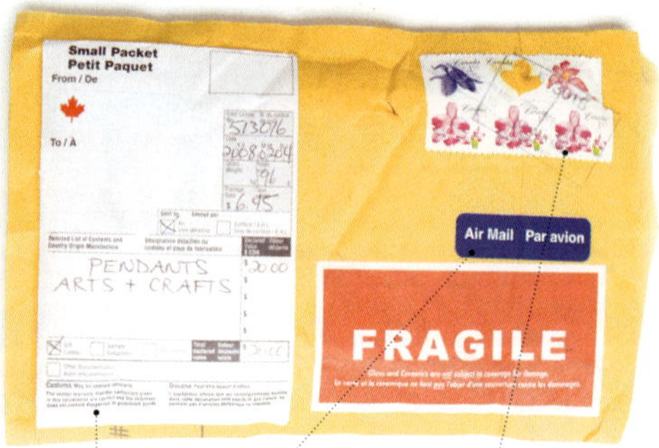

das Päckchen
el **paquete**
[pa'kete]

per Luftpost
por correo aéreo
[por ko'rreo a'ereo]

das Porto
el **franqueo**
[fraŋ'keo]

oben
arriba
[a'rriβa]

zerbrechlich
frágil
['fraxil]

vor Nässe schützen
proteger de la humedad
[prote'xer de la ume'ðað]

das Paket
el **paquete**
[pa'kete]

liefern	**entregar** [en̪tre'ɣar]
die Leerungszeiten	el **horario de recogida** ['orarjo de rreko'xiða]
versandkostenfrei	**envío gratuito** [em'bio gra'twito]
das Gewicht	el **peso** ['peso]
die Waage	la **balanza** [ba'lan̪θa]
der Hausbriefkasten	el **buzón de casa** [bu'θon de 'kasa]
die Postanweisung	el **giro postal** ['xiro pos'tal]
Nicht knicken!	**¡No doblar!** [no do'βlar]

KLEIDUNG
ROPA

BABYSACHEN – PARA BEBÉS

die Stoffwindel
el **pañal de tela**
[paˈɲal de ˈtela]

die Wegwerfwindel
el **pañal de usar y tirar**
[paˈɲal de uˈsar i tiˈrar]

der Schneeanzug
el **mono para nieve**
[ˈmono ˈpara ˈnjeβe]

der Body
el **bodi**
[ˈboði]

der Babyfäustling
la **manopla de bebé**
[maˈnopla de beˈβe]

der Strampler
el **pelele**
[peˈlele]

die Mütze
el **gorro**
[ˈgorro]

das Babyschühchen
el **peúco**
[peˈuko]

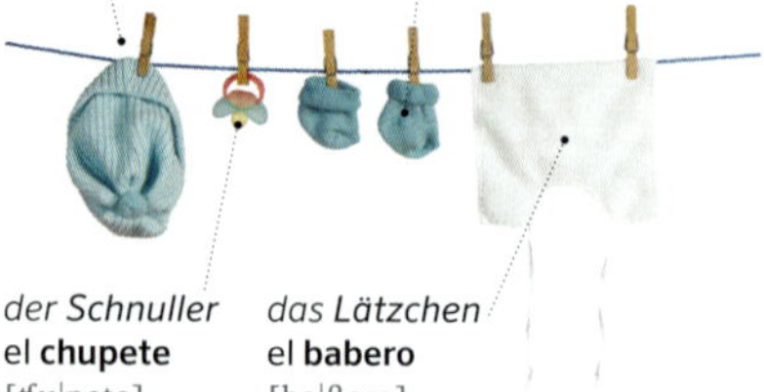

der Schnuller
el **chupete**
[ʧuˈpete]

das Lätzchen
el **babero**
[baˈβero]

der Sonnenhut
la **gorra**
[ˈgorra]

das Söckchen
el **calcetín**
[kal̪θeˈtin]

die Babydecke
la **mantita**
[man̪ˈtita]

HERRENKLEIDUNG – ROPA DE CABALLERO

der Anzug
el **traje**
[ˈtraxe]

der Kragen
el **cuello**
[ˈkweʎo]

die Krawatte
la **corbata**
[korˈβata]

das Hemd
la **camisa**
[kaˈmisa]

der/das Sakko
la **americana**
[ameriˈkana]

die Hose
el **pantalón**
[pan̪taˈlon]

das T-Shirt
la **camiseta**
[kamiˈseta]

das Polohemd
el **polo**
[ˈpolo]

der Rollkragenpullover
el **jersey de cuello alto**
[xerˈsei̯ de ˈkweʎo ˈal̪to]

die kurze Hose
el **pantalón corto**
[pan̪taˈlon ˈkorto]

die Unterhose
el **calzoncillo**
[kal̪θon̪ˈθiʎo]

die Badehose
el **bañador**
[baɲaˈðor]

DAMENKLEIDUNG – ROPA DE SEÑORAS

das Schulterpolster
la **hombrera**
[omˈbrera]

das Oberteil
la **parte de arriba**
[ˈparte de aˈrriβa]

der Blazer
el/la **blazer**
[ˈbleiser]

die Jeans
los **tejanos**
[teˈxanos]

die Stiefelette
el **botín**
[boˈtin]

das Kleid
el **vestido**
[besˈtiðo]

das Trägertop
el **top de tirantes**
[top de tiˈraṇtes]

die Bluse
la **blusa**
[ˈblusa]

die Strickjacke
la **chaqueta de punto**
[ʧaˈketa de ˈpuṇto]

der Rock
la **falda**
[ˈfaḷda]

die Shorts
el **short**
[ʃorð]

ACCESSOIRES – COMPLEMENTOS

die Strumpfhose
el **panti**
[ˈpan̪ti]

die Leggings
los **leggings**
[ˈleɣiŋs]

der BH
el **sujetador**
[suxetaˈðor]

der Badeanzug
el **bañador**
[baɲaˈðor]

der Slip
la **braguita**
[braˈɣita]

die Socke
el **calcetín**
[kal̪θeˈtin]

die Brille
las **gafas**
[ˈgafas]

die Sonnenbrille
las **gafas de sol**
[ˈgafas de sol]

der Reißverschluss	la **cremallera** [kremaˈʎera]
der Klettverschluss	el **cierre de velcro** [ˈθjerre de ˈbelkro]
die Reisetasche	la **bolsa de viaje** [ˈbolsa de biˈaxe]
der Koffer	la **maleta** [maˈleta]
Könnte ich das mal anprobieren?	**¿Podría probármelo (-a)?** [poˈðria proˈβarmelo, -a]
Haben Sie das auch eine Nummer größer/kleiner?	**¿Tiene una talla más grande/pequeña?** [ˈtiene ˈuna ˈtaʎa mas ˈgran̪de/peˈkeɲa]
Das passt gut, ich nehme es.	**Esto me queda bien, me lo/la llevo.** [ˈesto me ˈkeða ˈbjen me lo/la ˈʎeβo]

der Rucksack
la **mochila**
[moˈʧila]

SCHUHE UND LEDERWAREN – ZAPATOS Y ARTÍCULOS DE PIEL

die Sandale
la **sandalia**
[san̩ˈdalja]

der Gummistiefel
la **bota de agua**
[ˈbota de ˈaɣwa]

der Flip-Flop®
la **chancleta**
[tʃaŋˈkleta]

der hohe Stiefel
la **bota de caña alta**
[ˈbota de ˈkaɲa ˈal̩ta]

der Turnschuh
la **zapatilla de deporte**
[θapaˈtiʎa de deˈporte]

der Gürtel
el **cinturón**
[θin̩tuˈron]

der Schnürschuh
el **zapato de cordón**
[θaˈpato de korˈðon]

der Wanderstiefel
la **bota de montaña**
[ˈbota de mon̩ˈtaɲa]

die Trekkingsandale
la **sandalia de montaña**
[san̩ˈdalja de mon̩ˈtaɲa]

der Schnürsenkel	el **cordón** [korˈðon]
die Gürtelschlaufe	la **trabilla** [traˈβiʎa]
der Keilabsatz	el **tacón de cuña** [taˈkon de ˈkuɲa]
der Absatz	el **tacón** [taˈkon]
die Sohle	la **suela** [ˈswela]
der Riemen	la **correa** [koˈrrea]
die Schnalle	la **hebilla** [eˈβiʎa]

NOTDIENSTE
SERVICIOS DE EMERGENCIA

ERSTE HILFE – PRIMEROS AUXILIOS

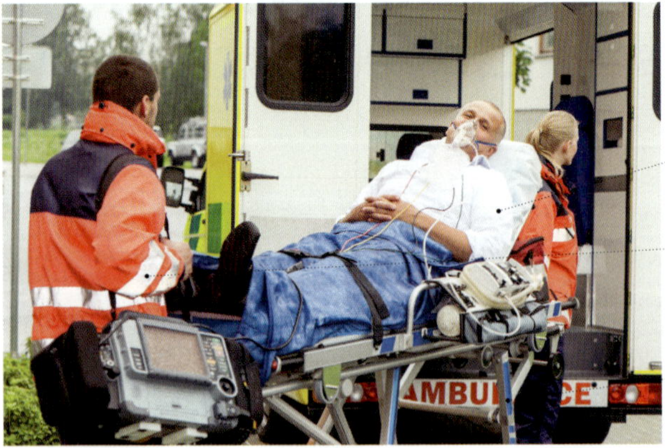

der Rettungswagen
la **ambulancia**
[ambuˈlan̪θja]

das Unfallopfer
la **víctima (del accidente)**
[ˈbiktima (del aɣθiˈðen̪te)]

der Sanitäter
el **sanitario**
[saniˈtarjo]

die Trage
la **camilla**
[kaˈmiʎa]

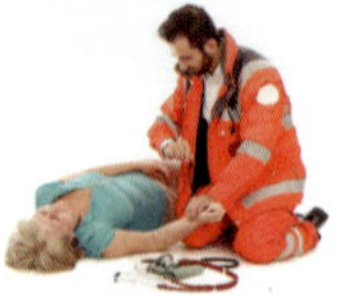

die Pulsmessung
tomar el pulso
[toˈmar el ˈpulso]

die stabile Seitenlage
la **posición lateral de seguridad**
[posiˈθjon lateˈral de seɣuriˈðað]

der Defibrillator
el **desfibrilador**
[desfiβrilaˈðor]

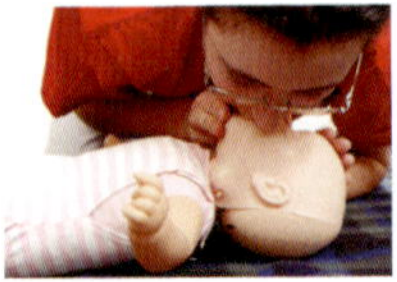

die Mund-zu-Mund-Beatmung
la **respiración boca a boca**
[rrespiraˈθjon ˈboka a ˈboka]

DIE POLIZEI – LA POLICÍA

die Polizistin
la **(agente de) policía**
[(a'xeṇte de) poli'θia]

der Polizist
el **(agente de) policía**
[(a'xeṇte de) poli'θia]

das Polizeiauto
el **coche de policía**
['koʧe de poli'θia]

der Einbruch
el **asalto con allanamiento**
[a'saḷto kon aʎana'mjeṇto]

der Diebstahl
el **robo**
['rroβo]

die Gewalt
la **violencia**
[bjo'leṇθja]

der Raubüberfall
el **atraco**
[a'trako]

die Straftat	el **delito** [de'lito]
die Körperverletzung	la **agresión con lesiones** [aɣre'sjon kon le'sjones]
die Vergewaltigung	la **violación** [bjola'θjon]
der Mord	el **asesinato** [asesi'nato]
der Überfall	el **asalto** [a'saḷto]
fliehen	**escapar** [eska'par]
belästigen	**molestar** [moles'tar]
die Schuld	la **culpabilidad** [kulpaβili'ðað]

der Taschendiebstahl
el **hurto de cartera**
['urto de kar'tera]

DIE FEUERWEHR – LOS BOMBEROS

der Notausgang
la **salida de emergencia**
[sa'liða de emer'xeṇθja]

der Feuerwehrmann
el **bombero**
[bom'bero]

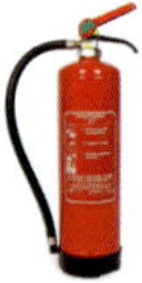

der Feuerlöscher
el **extintor**
[estiṇ'tor]

der Hydrant
la **boca de incendio**
['boka de iṇ'θeṇdjo]

der Sammelpunkt
el **punto de encuentro**
['puṇto de eŋ'kweṇtro]

der Rauchmelder
el **detector de humo**
[detek'tor de 'umo]

die Schwimmweste
el **chaleco salvavidas**
[ʧa'leko salβa'βiðas]

der Rettungsring
el **(flotador) salvavidas**
[(flota'ðor) salβa'βiðas]

die Notrufnummer
el **número de emergencia**
['numero de emer'xeṇθja]

der/die Vermisste	el, la **desaparecido, -a** [desapare'θiðo, -a]
die Suchmannschaft	el **equipo de rastreo** [e'kipo de rras'treo]
die Gefahr	el **peligro** [pe'liɣro]
Hilfe!	**¡Socorro!** [so'korro]
Es ist ein Unfall passiert!	**¡Ha ocurrido un accidente!** [a oku'rriðo un aɣθi'ðeṇte]
Rufen Sie einen Rettungswagen!	**¡Llame una ambulancia!** ['ʎame 'una ambu'laṇθja]
Rufen Sie die Polizei!	**¡Llame a la policía!** ['ʎame a la poli'θia]
Rufen Sie die Feuerwehr!	**¡Llame a los bomberos!** ['ʎame a los bom'beros]

GELD, ZAHLEN UND ZEIT
DINERO, NÚMEROS Y TIEMPO

DIE BANK – EL BANCO

das Chipkartenterminal
la **terminal de cobro con tarjeta**
[termi'nal de 'koβro kon tar'xeta]

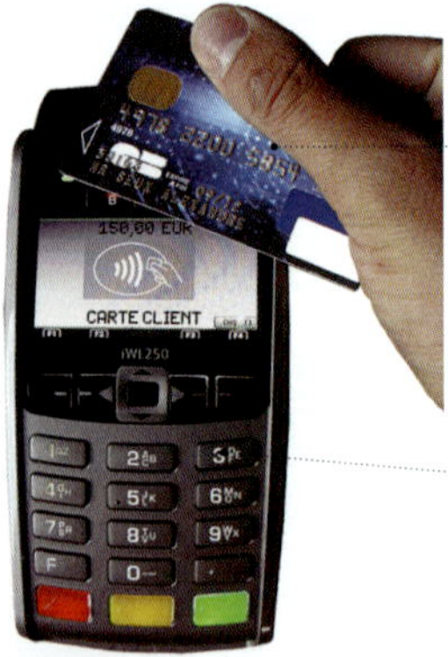

die EC-Karte
la **tarjeta Maestro®**
[tar'xeta ma'estro]

das Tastenfeld
el **teclado**
[te'klaðo]

der Schalter
la **ventanilla**
[beṇta'niʎa]

die Kassiererin
la **cajera**
[ka'xera]

das Onlinebanking
la **banca en línea**
['baŋka en línea]

die Kontoüberziehung	el **descubierto** [desku'βjerto]
das Girokonto	la **cuenta corriente** ['kweṇta ko'rrjeṇte]
das Sparkonto	la **cuenta de ahorro** ['kweṇta de a'orro]
die PIN-Nummer	el **número PIN** ['numero pin]
der Zinssatz	el **tipo de interés** ['tipo de iṇte'res]
das Darlehen	el **préstamo** ['prestamo]
die Hypothek	la **hipoteca** [ipo'teka]
die Kontonummer	el **número de cuenta** ['numero de 'kweṇta]

DIE BANK - EL BANCO

der Geldschein
el **billete**
[bi'ʎete]

die Münze
la **moneda**
[mo'neða]

die Währung
la **divisa**
[di'βisa]

die Kreditkarte
la **tarjeta de crédito**
[tar'xeta de 'kreðito]

der Geldautomat
el **cajero automático**
[ka'xero au̯to'matiko]

Geld einzahlen
ingresar dinero
[iŋgre'sar di'nero]

Geld abheben
retirar dinero
[rreti'rar di'nero]

die Rechnung
la **factura**
[fak'tura]

Könnten Sie mir das bitte wechseln?	**¿Podría cambiarme este dinero?** [po'ðria kam'bjarme 'este di'nero]
Wie ist der aktuelle Wechselkurs?	**¿A cómo está el curso actual?** [a 'komo es'ta el 'kurso aktu'al]
Ich möchte gerne ein Konto eröffnen.	**Querría abrir una cuenta.** [ke'rria a'βrir 'una 'kwen̪ta]
der Betrag	el **importe** [im'porte]
die Provision	la **comisión** [komi'sjon]
die Wechselstube	la **casa de cambio** ['kasa de 'kambjo]

der Überweisungsschein
el **formulario de trasferencia**
[formu'larjo de trasfe'ren̪θja]

DIE ZAHLEN – LOS NÚMEROS

null
cero
[ˈθero]

eins
uno (-a)
[ˈuno, -a]

zwei
dos
[dos]

drei
tres
[tres]

vier
cuatro
[ˈkwatro]

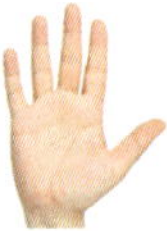

fünf
cinco
[ˈθiŋko]

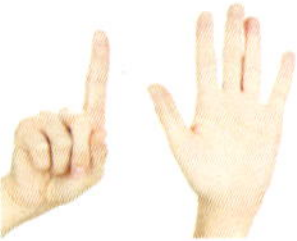

sechs
seis
[sei̯s]

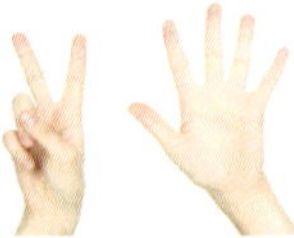

sieben
siete
[ˈsjete]

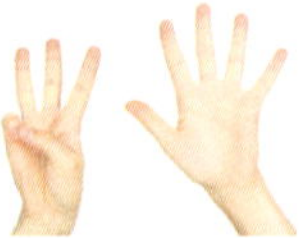

acht
ocho
[ˈotʃo]

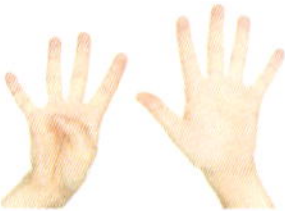

neun
nueve
[ˈnweβe]

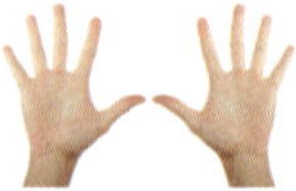

zehn
diez
[djeθ]

elf	**once** ['on̪θe]
zwölf	**doce** ['doθe]
dreizehn	**trece** ['treθe]
vierzehn	**catorce** [ka'torθe]
fünfzehn	**quince** ['kin̪θe]
sechzehn	**dieciséis** [djeθi'sei̯s]
siebzehn	**diecisiete** [djeθi'sjete]
achtzehn	**dieciocho** [djeθi'oʧo]
neunzehn	**diecinueve** [djeθi'nweβe]
zwanzig	**veinte** ['bei̯n̪te]
einundzwanzig	**veintiuno (-a)** [bei̯n̪'tjuno, -a]
zweiundzwanzig	**veintidós** [bei̯n̪ti'ðos]
dreiundzwanzig	**veintitrés** [bei̯n̪ti'tres]
dreißig	**treinta** ['trei̯n̪ta]
vierzig	**cuarenta** [kwa'ren̪ta]
fünfzig	**cincuenta** [θiŋ'kwen̪ta]
sechzig	**sesenta** [se'sen̪ta]
siebzig	**setenta** [se'ten̪ta]
achtzig	**ochenta** [o'ʧen̪ta]
neunzig	**noventa** [no'βen̪ta]
hundert	**cien** [θjen]

zweihundertzweiundzwanzig	**doscientos (-as) veintidós** [dos'θjen̪tos, -as bei̯n̪ti'ðos]
tausend	**mil** [mil]
zehntausend	**diez mil** [djeθ mil]
zwanzigtausend	**veintidós mil** [bei̯n̪ti'ðos mil]
fünfzigtausend	**cincuenta mil** [θiŋ'kwen̪ta mil]
fünfundfünfzigtausend	**cincuenta y cinco mil** [θiŋ'kwen̪ta i 'θiŋko mil]
hunderttausend	**cien mil** [θjen mil]
eine Million	**un millón** [un mi'ʎon]
eine Milliarde	**mil millones** [mil mi'ʎones]
eine Billion	**un billón** [un bi'ʎon]

DIE ZAHLEN – LOS NÚMEROS

erste(r, s)	**primero/-a** [pri'mero, -a]
zweite(r, s)	**segundo/-a** [se'ɣuṇdo, -a]
dritte(r, s)	**tercero/-a** [ter'θero, -a]
vierte(r, s)	**cuarto/-a** ['kwarto, -a]
fünfte(r, s)	**quinto/-a** ['kiṇto, -a]
sechste(r, s)	**sexto/-a** ['sesto, -a]
siebte(r, s)	**séptimo/-a** ['septimo, -a]
achte(r, s)	**octavo/-a** [ok'taβo, -a]
neunte(r, s)	**noveno/-a** [no'βeno, -a]
zehnte(r, s)	**décimo/-a** ['deθimo, -a]
elfte(r, s)	**undécimo/-a** [uṇ'deθimo, -a]
zwölfte(r, s)	**duodécimo/-a** [duo'ðeθimo, -a]
dreizehnte(r, s)	**decimotercero/-a** [deθimoter'θero, -a]
vierzehnte(r, s)	**decimocuarto/-a** [deθimo'kwarto, -a]
fünfzehnte(r, s)	**decimoquinto/-a** [deθimo'kiṇto, -a]
sechzehnte(r, s)	**decimosexto/-a** [deθimo'sesto, -a]
siebzehnte(r, s)	**decimoséptimo/-a** [deθimo'septimo, -a]
achtzehnte(r, s)	**decimoctavo/-a** [deθimok'taβo, -a]
neunzehnte(r, s)	**decimonoveno/-a** [deθimono'βeno, -a]
zwanzigste(r, s)	**vigésimo/-a** [bi'xesimo, -a]
einundzwanzigste(r, s)	**vigesimoprimero/-a** [bi'xesimopri'mero, -a]
zweiundzwanzigste(r, s)	**vigesimosegundo/-a** [bi'xesimose'ɣuṇdo, -a]

dreißigste(r, s)	**trigésimo/-a** [triˈxesimo, -a]
vierzigste(r, s)	**cuadragésimo/-a** [kwaðraˈxesimo, -a]
fünfzigste(r, s)	**quincuagésimo/-a** [kiŋkwaˈxesimo, -a]
sechzigste(r, s)	**sexagésimo/-a** [seɣsaˈxesimo, -a]
siebzigste(r, s)	**septuagésimo/-a** [septwaˈxesimo, -a]
achtzigste(r, s)	**octogésimo/-a** [oktoˈxesimo, -a]
neunzigste(r, s)	**nonagésimo/-a** [nonaˈxesimo, -a]
hundertste(r, s)	**centésimo/-a** [θen̩ˈtesimo, -a]
zweihunderterste(r, s)	**ducentésimo/-a** [duθen̩ˈtesimo, -a]
zweihundertfünfundzwanzigste(r, s)	**ducentésimo/-a vigésimo/-a quinto/-a** [duθen̩ˈtesimo, -a biˈxesimo, -a ˈkin̩to, -a]
dreihundertste(r, s)	**tricentésimo/-a** [triθen̩ˈtesimo, -a]
tausendste(r, s)	**milésimo/-a** [miˈlesimo, -a]
zehntausendste(r, s)	**diezmilésimo/-a** [djeθmiˈlesimo, -a]
millionste(r, s)	**millonésimo/-a** [miʎoˈnesimo, -a]
zehnmillionste(r, s)	**diezmillonésimo/-a** [djeθmiʎoˈnesimo, -a]
vorletzte(r, s)	**penúltimo/-a** [peˈnul̩timo, -a]
letzte(r, s)	**último/-a** [ˈul̩timo, -a]

DIE ZAHLEN – LOS NÚMEROS

ein halber/ein halbes/eine halbe	**un medio/una media** [un 'meðjo/'una 'meðja]
ein Drittel	**un tercio** [un 'terθjo]
ein Viertel	**un cuarto** [un 'kwarto]
ein Fünftel	**un quinto** [un 'kiṇto]
ein Achtel	**un octavo** [un ok'taβo]
drei Viertel	**tres cuartos** [tres 'kwartos]
zwei Fünftel	**dos quintos** [dos 'kiṇtos]
siebeneinhalb	**siete y medio** ['sjete i 'meðjo]
zwei Siebzehntel	**dos decimoséptimas partes** [dos deθimo'septimas 'partes]
fünf und drei Achtel	**cinco y tres octavos** ['θiŋko i tres ok'taβos]
einmal	**una vez** ['una beθ]
zweimal	**dos veces** [dos 'beθes]
dreimal	**tres veces** [tres 'beθes]
viermal	**cuatro veces** ['kwatro 'beθes]
mehrmals	**repetidas veces** [rrepe'tiðas 'beθes]
manchmal	**a veces** [a 'beθes]
niemals	**nunca/jamás** ['nuŋka/xa'mas]
einfach	**sencillo/-a** [seṇ'θiʎo, -a]
doppelt/zweifach	**doble** ['doβle]
dreifach	**triple** ['triple]
vierfach	**cuádruple** ['kwaðruple]
fünffach	**quíntuple** ['kiṇtuple]
sechsfach	**séxtuple** ['sestuple]
mehrfach/vielfach	**múltiple** ['mul̩tiple]

ein Paar	**un par** [un par]
ein paar	**algunos/-as; unos/-as** [alˈɣunos, -as; ˈunos, -as]
wenige	**pocos/-as** [ˈpokos, -as]
manche	**más de uno/-a** [mas de ˈuno, -a]
viele	**muchos/-as** [ˈmuʧos, -as]
beide	**ambos/-as** [ˈambos, -as]
alle	**todos/-as** [ˈtoðos, -as]
jeder/jede/jedes	**cada uno/-a** [ˈkaða ˈuno, -a]

der Taschenrechner
la **calculadora**
[kalkulaˈðora]

das Prozent
el **tanto por ciento**
[ˈtan̪to por ˈθjen̪to]

der Dezimalpunkt
el **separador decimal**
[separaˈðor deθiˈmal]

dividieren
dividir
[diβiˈðir]

multiplizieren
multiplicar
[mul̪tipliˈkar]

subtrahieren
restar
[rresˈtar]

addieren
sumar
[suˈmar]

ist gleich
es igual a
[es iˈɣwal a]

DIE ZEIT – EL TIEMPO

ein Uhr
la una
[la 'una]

zwei Uhr
las dos
[las 'dos]

drei Uhr
las tres
[las 'tres]

vier Uhr
las cuatro
[las 'kwatro]

fünf Uhr
las cinco
[las 'θiŋko]

sechs Uhr
las seis
[las 'sei̯s]

sieben Uhr
las siete
[las 'sjete]

acht Uhr
las ocho
[las 'otʃo]

zwölf Uhr mittags
las doce del mediodía
[las 'doθe del meðjo'dia]

die Stunde	la **hora** ['ora]
die Minute	el **minuto** [mi'nuto]
eine halbe Stunde	la **media hora** ['meðja 'ora]
die Sekunde	el **segundo** [se'ɣun̪do]
Wie viel Uhr ist es?	**¿Qué hora es?** [ke 'ora es]
Es ist zwei Uhr.	**Son las dos.** [son las dos]
Um wie viel Uhr?	**¿A qué hora?** [a ke 'ora]
Um sieben Uhr.	**A las siete.** [a las 'sjete]

DIE ZEIT – EL TIEMPO

dreizehn Uhr
la una del mediodía
[la ˈuna del meðjoˈdia]

vierzehn Uhr
las dos del mediodía
[las ˈdos del meðjoˈdia]

fünfzehn Uhr
las tres del mediodía/de la tarde [las ˈtres del meðjoˈdia/de la ˈtarðe]

sechzehn Uhr
las cuatro de la tarde
[las ˈkwatro de la ˈtarðe]

siebzehn Uhr
las cinco de la tarde
[las ˈθiŋko de la ˈtarðe]

dreiundzwanzig Uhr
las once de la noche
[las ˈoṇθe de la ˈnoʧe]

Mitternacht
medianoche
[meðjaˈnoʧe]

fünf nach zwölf
las doce y cinco
[las ˈdoθe i ˈθiŋko]

halb elf	**las diez y media** [las djeθ i ˈmeðja]
zwanzig vor sieben	**las siete menos veinte** [las ˈsjete ˈmenos ˈbei̯nte]
Viertel vor zwölf	**las doce menos cuarto** [las ˈdoθe ˈmenos ˈkwarto]
Wann?	**¿Cuándo?** [ˈkwaṇdo]
Vor/in zehn Minuten.	**Hace/en diez minutos.** [ˈaθe/en djeθ miˈnutos]
Gegen Mittag.	**Hacia el mediodía.** [ˈaθja el meðjoˈdia]
Seit wann?	**¿Desde cuándo?** [ˈdesðe ˈkwaṇdo]
Seit gestern.	**Desde ayer.** [ˈdesðe aˈɟer]

Viertel nach neun
las nueve y cuarto
[las ˈnweβe i ˈkwarto]

DIE ZEIT – EL TIEMPO

die Mitternacht
la **medianoche**
[meðja'notʃe]

der Morgen
la **mañana**
[ma'ɲana]

der Mittag
el **mediodía**
[meðjo'dia]

der Nachmittag
la **tarde**
['tarðe]

der Abend
la **tarde**
['tarðe]

der Frühling
la **primavera**
[prima'βera]

der Sommer
el **verano**
[be'rano]

der Herbst
el **otoño**
[o'toɲo]

der Winter
el **invierno**
[im'bjerno]

heute	**hoy** [oi̯]
morgen	**mañana** [ma'ɲana]
übermorgen	**pasado mañana** [pa'saðo ma'ɲana]
gestern	**ayer** [a'ɟer]
vorgestern	**anteayer** [an̪tea'ɟer]
Welches Datum haben wir heute?	**¿Cuál es la fecha de hoy?** [kwal es la 'fetʃa de oi̯]
der 9. September 2016	**9 de septiembre de 2016** ['nweβe de sep'tjembre de dos mil djeθi'sei̯s]
der Feiertag	el **día festivo** ['dia fes'tiβo]

der Sonntag
el **domingo**
[do'miŋgo]

der Dienstag
el **martes**
['martes]

der Donnerstag
el **jueves**
['xweβes]

der Monat
el **mes**
[mes]

der Montag
el **lunes**
['lunes]

der Mittwoch
el **miércoles**
['mjerkoles]

der Freitag
el **viernes**
['bjernes]

der Samstag
el **sábado**
['saβaðo]

das Datum
la **fecha**
['fetʃa]

der Wochentag
el **día de la semana**
['dia de la se'mana]

die Woche
la **semana**
[se'mana]

der Tag
el **día**
['dia]

das Wochenende
el **fin de semana**
[fin de se'mana]

das Jahr
el **año**
['aɲo]

MASSE – LAS MEDIDAS

das Pint
la **pinta**
[ˈpiṇta]

der/das Liter
el **litro**
[ˈlitro]

der/das Milliliter
el **mililitro**
[miliˈlitro]

die Unze
la **onza**
[ˈoṇθa]

das Gramm
el **gramo**
[ˈɣramo]

das Kilogramm
el **kilogramo**
[kiloˈɣramo]

die Meile
la **milla**
[ˈmiʎa]

der Kilometer
el **kilómetro**
[kiˈlometro]

der/das Meter	el **metro** [ˈmetro]
der/das Quadratmeter	el **metro cuadrado** [ˈmetro kwaˈðraðo]
der/das Millimeter	el **milímetro** [miˈlimetro]
der/das Zentimeter	el **centímetro** [θeṇˈtimetro]
der Zoll	la **pulgada** [pulˈɣaða]

INDEX
ÍNDICE

Index Spanisch
Índice español

Index und Aussprache Deutsch
Índice y pronunciación alemán

INDEX SPANISCH
ÍNDICE ESPAÑOL

INDEX UND AUSSPRACHE DEUTSCH
ÍNDICE Y PRONUNCIACIÓN ALEMÁN

C

D

G

H

L

O

P

Q

R

S

T

U

V

W

Z

BILDNACHWEIS

*= © Fotolia.com

9 istockphoto/andresr, **10** */Alexander Raths, **10** */Jeanette Dietl, **10** */Forgiss, **10** */paulmz, **10** */fotodesign-jegg.de, **10** */mimagephotos, **10** */Syda Productions, **10** */iko, **10** */Jeanette Dietl, **10** */drubig-photo, **10** */oocoskun, **11** */damato, **11** */vbaleha, **11** */Rido, **11** */Ljupco Smokovski, **11** */Jeanette Dietl, **11** */Janina Dierks, **11** */Valua Vitaly, **11** */Rido, **11** */Andres Rodriguez, **11** */Syda Productions, **11** */Valua Vitaly, **12** */Dmitry Lobanov, **12** */Samuel Borges, **12** */DenisNata, **12** */Pavel Losevsky, **12** */WONG SZE FEI, **12** */vgstudio, **12** */Ariwasabi, **13** */Gabriel Blaj, **13** */endostock, **13** */mma23, **13** */Jasmin Merdan, **13** */Tom Wang, **13** */JanMika, **13** */Picture-Factory, **14** */BeTa-Artworks, **14** */michaeljung, **14** */Savannah1969, **14** */patpitchaya, **14** */Sabphoto, **14** */Cello Armstrong, **14** */eyetronic, **14** */Danilo Rizzuti, **14** */Ruth Black, **15** istockphoto/ tab1962, **16** */JSB, **16** */Tiberius Gracchus, **16** */visivasnc, **16** */Lasse Kristensen, **16** */Speedfighter, **16** */Bokicbo, **16** */typomaniac, **16** */O.M., **16** */designsstock, **17** */Kurhan, **17** */Brilliant Eagle, **17** */Iriana Shiyan, **17** */terex, **17** */Sashkin, **17** */pyzata, **17** */Igor Kovalchuk, **17** */Maksym Yemelyanov, **17** */pabijan, **18** */Magda Fischer, **19** */Bert Folsom, **19** */Aleksandar Jocic, **19** */yevgenromanenko, **19** */Aleksandr Ugorenkov, **19** */luchshen, **19** */sokrub, **19** */sokrub, **19** */okinawakasawa, **19** */Delphimages, **19** */arteferretto, **19** */Kitch Bain, **19** */Chris Brignell, **20** */Iriana Shiyan, **21** */pics721, **22** */stock_for_free, **23** */mrgarry, **23** */mariocigic, **23** Thinkstock/Hemera, **23** */Denis Gladkiy, **23** */Sergii Moscaliuk, **23** */okinawakasawa, **23** */Alexander Morozov, **23** */kmiragaya, **23** */Alexander Morozov, **23** */Nikola Bilic, **23** */Alona Dudaieva, **23** */Piotr Pawinski, **24** */Kitch Bain, **24** */pholien, **24** */cretolamna, **24** */Harald Biebel, **24** */M.R. Swadzba, **24** */IrisArt, **24** */cretolamna, **24** */picsfive, **24** */Schwoab, **24** */cretolamna, **24** */Stefan Balk, **24** */karandaev, **25** */2mmedia, **26** */simmittorok, **26** */Liliia Rudchenko, **26** */venusangel, **26** */Ljupco Smokovski, **26** */Maksim Kostenko, **26** Thinkstock/Stockbyte, **26** */Xuejun li, **26** */Ljupco Smokovski, **26** */Coprid, **26** */Yingko, **26** Thinkstock/NikolayK, **26** */srdjan111, **27** */adpePhoto, **27** */Africa Studio, **27** */Tiler84, **27** */NilsZ, **27** */Coprid, **28** */Sashkin, **28** */Creatix, **28** */Katrina Brown, **28** */Ljupco Smokovski, **29** */Okea, **30** */kmit, **30** */claudio, **30** */tuja66, **30** */corund, **30** */mick20, **30** */Denis Dryashkin, **30** */tuja66, **30** */CE Photography, **30** */tuja66, **30** */Бурдюков Андрей, **30** */vav63, **31** */Rynio Productions, **31** */Rynio Productions, **31** */scis65, **31** */Coprid, **31** */f9photos, **31** */Freer, **32** */Africa Studio, **32** */ankiro, **32** */Ionescu Bogdan, **32** */Denys Rudyi, **32** */tuja66, **33** */Nomad_Soul, **33** */twister025, **33** */egorovvasily, **33** */womue, **33** Thinkstock/iStockphoto, **33** Thinkstock/iStockphoto, **33** */by-studio, **33** */cherezoff, **34** */Zbyszek Nowak, **34** */opasstudio, **34** */photka, **34** */photka, **34** */Gerald Bernard, **34** */steamroller, **34** */Kasia Bialasiewicz, **34** */mopsgrafik, **34** */fotoschab, **35** istockphoto/JLFCapture, **36** Thinkstock/Keith Levit Photography, **36** Thinkstock/iStockphoto, **36** Thinkstock/iStockphoto, **36** Thinkstock/iStockphoto, **36** Thinkstock/iStockphoto, **37** Thinkstock/Fuse, **37** */Alexandra Gl, **38** */leremy, **38** */leremy, **38** */leremy, **38** */leremy, **38** */leremy, **38** */mrtimmi, **38** */mrtimmi, **38** */mrtimmi, **38** */Bobo, **38** */leremy, **38** */leremy, **38** */FelixCHH, **39** */Vladimir Kramin, **40** */algre, **41** Thinkstock/iStockphoto, **41** */Michael Seidel, **42** Thinkstock/iStockphoto, **42** */Lasse Kristensen, **43** Thinkstock/Stockbyte, **44** Thinkstock/iStockphoto, **44** Thinkstock/iStockphoto, **44** Thinkstock/iStockphoto, **44** Thinkstock/iStockphoto, **44** */Bikeworldtravel, **45** Thinkstock/iStockphoto, **45** Thinkstock/iStockphoto, **46** */Fotito, **46** */tr3gi, **47** istockphoto/monticelllo, **48** */unpict, **48** */Teamarbeit, **48** Dreamstime/Christian Jung, **48** */ExQuisine, **48** */Rémy MASSEGLIA, **48** */lunamarina, **48** */Witold Krasowski, **48** */Dionisvera, **48** */angorius, **48** */Dani Vincek, **48** */felinda, **48** */pedrolieb, **49** */ExQuisine, **49** */volff, **49** Shutterstock/shutterstock.com/Multiart, **50** */valeriy555, **50** */valeriy555, **50** */Barbara Pheby, **50** */volga1971, **50** Dreamstime/Robynmac - Dreamstime.com, **50** */Anna Kucherova, **51** */jerome signoret, **51** */boguslaw, **51** */World travel images, **51** */margo555, **51** */Wolfgang Jargstorff, **52** */valeriy555, **52** */silencefoto, **52** */valeriy555, **52** */valeriy555, **52** */photocrew, **52** */valeriy555, **52** */valeriy555, **52** */Zbyszek Nowak, **52** */Andrey Starostin, **53** */azureus70, **53** */valeriy555, **53** */valeriy555, **53** */valeriy555, **53** */valeriy555, **53** */valeriy555, **53** */valeriy555, **53** */valeriy555, **53** */valeriy555, **54** */valeriy555, **54** Dreamstime/ Skyper1975, **54** */Werner Fellner, **54** */marilyn barbone, **55** Dreamstime/Sergioz, **55** */Africa Studio, **55** */Inga Nielsen, **55** */Inga Nielsen, **55** */Inga Nielsen, **55** */Boris Ryzhkov, **56** Dreamstime/Jirkaejc, **56** */Sergejs Rahunoks, **56** Dreamstime/Givaga, **56** */the_pixel, **56** */Liaurinko, **56** */midosemsem, **56** */Jiri Hera, **56** */juri semjonow, **56** */Brad Pict, **56** */Julian Weber, **56** */Olegich, **56** */komar.maria, **57** */Jiri Hera, **57** */Nitr, **57** */Nitr, **57** */pabijan, **57** */Fotofermer, **57** */gtranquillity, **57** */gtranquillity, **57** */Nitr, **57** */Taffi - Fotolia.cfom, **57** */Taffi, **58** */Jiri Hera, **58** */Liaurinko, **58** */Dmytro Sukharevskyy, **58** */Dmytro Sukharevskyy, **58** */Dmytro Sukharevskyy, **58** */uckyo, **58** */torsakarin, **58** */Thibault Renard, **58** */Dmytro Sukharevskyy, **59** */Jack Jelly, **59** */aktifreklam, **59** */Jacek Chabraszewski, **59** iStockphoto/Gordana Sermek, **59** */Africa Studio, **60** */ashka2000, **60** */womue, **60** */reineg, **60** */reineg, **60** */reineg, **60** */reineg, **60** */Subbotina Anna, **60** */rangizzz, **60** */sjhuls, **61** */Minerva Studio, **61** */eyetronic, **61** */AlienCat, **61** */Thomas Francois, **61** */ag visuell, **62** */Art Allianz, **62** */adisa, **62** */Pumba, **62** */adisa,

62 */Vitaly Maksimchuk, **62** Thinkstock/iStockphoto, **62** */amlet, **62** Thinkstock/ Brand X Pictures, **62** */Joshhh, **62** */808isgreat, **62** Thinkstock/ iStockphoto, **62** */Andres Rodriguez, **63** thinkstock/zf, **64** */CLIPAREA.com, **65***/CLIPAREA.com, **66** Thinkstock/Zoonar, **66** Thinkstock/Hemera @ Getty Images, **67** */Valua Vitaly, **68** */pixelcaos, **69** */Lsantilli, **69** */Sven Bähren, **69** */Tyler Olson, **69** */GordonGrand, **69** */iStockphoto, **69** Thinkstock/oksun70, **69** */Robert Angermayr, **70** */Alexander Raths, **70** */Creativa, **70** */ISO K° - photography, **70** */Sashkin, **71** */Monkey Business, **71** */dalaprod, **71** */drubig-photo, **71** */drubig-photo, **72** */Africa Studio, **72** */iko, **72** */DoraZett, **72** */Creativa, **72** */Gina Sanders, **72** */Subbotina Anna, **72** */drubig-photo, **72** */Ocskay Bence, **72** */detailblick, **72** */Kurhan, **72** */smikeymikey1, **72** */Dmitry Lobanov, **73** Thinkstock/iStockphoto, **73** */Guido Grochowski, **73** */Dmitry Vereshchagin, **73** */treetstreet, **73** */Peter Atkins, **73** */Bandika, **73** */wckiw, **74** */Igor Mojzes, **74** */st-fotograf, **74** */Vidady, **74** Thinkstock/iStockphoto, **74** Thinkstock/iStockphoto, **74** */Gelpi, **74** */Volker Witt, **74** */apops, **74** */juefraphoto, **75** */Michael Schütze, **75** */ brozova, **75** */Rodja, **75** Thinkstock/iStockphoto, **75** */cristi180884, **76** */Africa Studio, **76** */Africa Studio, **76** */Coprid, **76** */Anatoly Repin, **76** */adisa, **76** */Manuel Schäfer, **77** */seen, **77** */only4denn, **77** */Coprid, **77** */blondina93, **77** */by-studio, **77** */Jiri Hera, **77** */Johanna Goodyear, **77** */Tharakorn, **77** */terex, **78** */wiedzma, **78** */kontur-vid, **78** */picsfive, **78** */pattarastock, **78** */NilsZ, **78** */picsfive, **78** */picsfive, **78** */ksena32, **78** */cristi180884, **78** */nito, **78** */Tarzhanova, **78** */bpstocks, **79** istockphoto/pixdeluxe, **80** */contrastwerkstatt, **80** */A_Bruno, **81** */Africa Studio, **81** */Diana Taliun, **81** */Rulan, **81** */interklicks, **81** Thinkstock/iStockphoto, **82** */Picture-Factory, **82** */Carlos Caetano, **82** */vda_82, **82** */vetkit, **82** */Jacek Fulawka, **83** */Viorel Sima, **83** */Brian Jackson, **84** */TAlex, **84** */Maksym Yemelyanov, **84** */Vitas, **84** Thinkstock/iStockphoto, **84** */Artur Synenko, **85** */dimakp, **85** */heigri, **85** */Lusoimages, **85** */Apart Foto, **85** */sonne fleckl, **85** */Manuela Fiebig, **85** */Klaus Eppele, **85** */Artur Synenko, **85** */Gina Sanders, **86** */snyfer, **86** */snyfer, **86** */Iurii Timashov, **86** */Iurii Timashov, **86** */Iurii Timashov, **86** */Iurii Timashov, **86** */Iurii Timashov, **86** */Iurii Timashov, **86** */WonderfulPixel, **86** */Iurii Timashov, **86** */Iurii Timashov, **86** */Iurii Timashov, **87** */WonderfulPixel, **87** */WonderfulPixel, **87** */WonderfulPixel, **87** */WonderfulPixel, **87** */vasabii, **87** */grgroup, **87** */ vector_master, **87** */Vectorhouses, **87** */Vectorhouses, **88** */Metin Tolun, **88** */Do Ra, **88** */Do Ra, **88** */Do Ra, **88** */Do Ra, **88** */Do Ra, **88** */Palsur, **88** */marog-pixcells, **88** */Palsur, **89** */inal09, **89** */mtkang, **89** */by-studio, **89** */Scanrail, **89** */RTimages, **89** */Coprid, **89** */Palsur, **89** */Andrew Barker, **90** */ashumskiy, **90** */Vitas, **90** */singkham, **91** */Scanrail, **91** */Dron, **92** Thinkstock/iStockphoto, **92** */gradt, **92** */JiSIGN, **92** */JiSIGN, **92** */JiSIGN, **93** istockphoto/kgtoh, **94** */boumenjapet, **94** */Vera Anistratenko, **94** */carol_anne, **94** */Andrey Armyagov, **94** */Pamela Uyttendaele, **94** */Zbyszek Nowak, **94** */Michaela Pucher, **94** */Katrina Brown, **95** */Karramba Production, **95** */BEAUTYofLIFE, **95** */Khvost, **95** */Khvost, **95** */Elnur, **95** */Gordana Sermek, **95** */Alexandra Karamyshev, **96** */mimagephotos, **96** */Alexandra Karamyshev, **96** */ludmilafoto, **96** */okinawakasawa, **96** Thinkstock/Alexandru Chiriac, **96** */cedrov, **96** */Khvost, **97** */Elnur, **97** */Elnur, **97** */Ruslan Kudrin, **97** */Alexandra Karamyshev, **97** */Robert Lehmann, **97** */Liaurinko, **97** */rangizzz, **97** */Jiri Hera, **97** */Andrew Buckin, **98** */adisa, **98** */PRILL Mediendesign, **98** */Africa Studio, **98** */adisa, **98** */humbak, **98** */Jiri Hera, **98** */Andre Plath, **98** */Alexander Raths, **98** */thaikrit, **99** istockphoto/roibu, **100** */CandyBox Images, **100** */Roman Milert, **100** */Volker Witt, **100** */ AK-DigiArt, **100** */Dario Lo Presti, **101** Thinkstock/Photodisc, **101** */Lukas Sembera, **101** */koszivu, **101** */Photographee.eu, **101** */Monkey Business, **101** */Photographee.eu, **101** */Gerhard Seybert, **102** */ PictureArt, **102** */ Arcady, **102** */playstuff, **102** */beermedia, **102** */Igor Kovalchuk, **102** */Fiedels, **102** */Birgit Reitz-Hofmann, **102** */Claudio Divizia, **102** */Kalle Kolodziej, **103** istockphoto/RBFried, **104** */qech, **104** */contrastwerkstatt, **104** */Santiago Cornejo, **105** */eyewave, **105** */jogyx, **105** */Joop Hoek, **105** */T. Michel, **105** Thinkstock/iStockphoto, **105** Thinkstock/photodisc (Keith Brofsky), **105** */LVDESIGN, **105** */lowtech24, **105** Thinkstock/ iStockphoto, **106** */DDRockstar, **106** */Denys Prykhodov, **106** */Denys Prykhodov, **106** */Denys Prykhodov, **106** */Denys Prykhodov, **106** */Denys Prykhodov, **106** */Denys Prykhodov, **106** */Africa Studio, **106** */Africa Studio, **106** */Africa Studio, **106** */DB, **111** */robert, **112** */magann, **112** */magann, **112** */magann, **112** */magann, **112** */magann, **112** */magann, **112** */magann, **112** */magann, **112** */magann, **113** */magann, **113** */magann, **113** */magann, **113** */magann, **113** */magann, **113** */magann, **113** */magann, **113** */vvoe, **113** */Lucky Dragon, **114** */tomreichner, **114** */in-foto-backgrounds, **114** */Reicher, **114** */ARochau, **114** */Beboy, **114** */Dmytro Smaglov, **114** */Anton Gvozdikov, **114** */sborisov, **114** */Netzer Johannes, **115** */Maria Vazquez, **116** */m.u.ozmen, **116** */hayo, **116** */lucato, **116** */www.strubhamburg.de.